Moritz Levin

Gott und Seele nach jüdischer Lehre

Moritz Levin

Gott und Seele nach jüdischer Lehre

ISBN/EAN: 9783743608177

Hergestellt in Europa, USA, Kanada, Australien, Japan

Cover: Foto ©Lupo / pixelio.de

Weitere Bücher finden Sie auf **www.hansebooks.com**

Gott und Seele

nach jüdischer Lehre

von

Dr. Moritz Levin

Prediger zu Zürich.

Zürich,
Druck und Verlag von Orell, Füssli & Co.
1871.

Meinem theuern Schwiegervater

dem königl. Kreisphysicus

Herrn Sanitätsrath Dr. Lefson

in Liebe und dankbarer Verehrung.

„Das Verborgene ist des Ewigen, unseres Gottes, aber das Offenbare unser und unserer Kinder auf ewig, um zu thun alle Worte dieser Lehre".

5. M. 29, 28.

„Alles hat er vortrefflich zu seiner Zeit gemacht, auch die Unwissenheitt hat Er ihnen in das Herz gegeben, dass der Mensch das Werk, das Got von Anfang bis Ende gemacht hat, nicht finden soll".

Vorwort.

Unsere Zeit characterisirt vorwiegend die Negation. So wird auch die positive Religion mehr denn je angefochten, und das Moralgesetz, wie es die menschliche Vernunft dictirt, als das einzige Prinzip anerkannt, das die Culturentwickelung der Menschheit bewegen soll. Einen so grossen Fortschritt dieses Streben kundthut, so unhaltbar erweist es sich, wenn es als Ersatz der positiven Religion gelten soll: denn nie werden die Menschen durch die Anerkennung der Moral allein beglückt — das Herz strebt nach dem Unendlichen und nach geistiger Verbindung mit dem geahnten ewigen Gotte. Nicht nach Einzelnen kann sich die Religion richten — der Einzelne kann oft gerade in der Negation sein Glück finden — die Religion hat die Gesammtheit und zwar ihre geordnete und gemeinsame Lebensweise im Auge.

Wenn wir also durchaus der positiven Religion nicht entrathen können, die eine directe Verbindung mit Gott unterhält und auch in Beziehung zu den Nebenmenschen die bestmöglichsten Lehren aufstellt, so haben wir nur darüber zu wachen, dass diese positive Religion nicht wider Geist und Gemüth streitende Elemente involvire; denn den psychologischen Anforderungen muss sie durchaus Rede stehen; übrigens ist das, was sie an sich bietet, stets psychologisch wahr.

So viel ich vermochte, habe ich mich in dieser Schrift objectiv gehalten, und wenn ich als jüdischer Geistlicher die jüdische Religion als die reinste erklären musste, so muss ich mir doch das Zeugniss ausstellen, dass ich alle Stimmen gehört habe, die Philosophie, die Kunst, die Natur, die Vernunftreligionen — die alle mir nichts haben entgegenstellen können, was die jüdische Religion in ihren Grundpfeilern umzustossen im Stande wäre.

In meinem Streben, eine Aussicht auf eine Religion zu finden, die eine Weltreligion werden könnte, musste ich allerdings nur auf den geistigen Inhalt der jüdischen Religion achten, und so habe ich gefunden, dass diese, von allem Ceremoniellen und Nationalen befreit, die einzige der bestehenden Religionen ist, welche die Weltreligion abgeben könnte.

Wie ich dabei für das jüdische Volk selbst denke, meine ich, die Welt habe nicht nöthig zu beanspruchen, dass jenes die eigenthümlichen Gesetze aufgebe; denn für das Volk Israel als solches sind sie bindend und von grösster Bedeutung — aber für die übrige Menschheit möchte ich das als religiöses Gebot aufstellen, was den Kern der jüdischen Religion bildet und die Philosophie als ein praktisches bezeichnet: es sind das, wie in dieser Schrift ausgeführt, die reinste Auffassung von Gott, von der Freiheit des menschlichen Willens und der Glaube an eine Fortdauer der Seele.

Die Religion erlangt mit jedem Tage eine grössere Bedeutung für den Fortschritt der Menscheit. Von ihr hängt die Gestaltung der Erziehung, des Unterrichts, des politischen und socialen Lebens ab. Nicht die Ausbildung der offenbarten Wahrheiten in Vernunftwahrheiten ist der Fortschritt — da die offenbarten Wahrheiten eben nur die ewigen Vernunftwahrheiten enthalten — sondern die Beseitigung aller subjectiven Speculationen, die sich mit den Zeiten an dieselben gehängt haben, ist das zum Gedeihen führende Endziel der Religionen.

Diese Schrift ist ein Versuch, zu zeigen, wie in der positiven Religion das schon apodictisch auftritt, was die Vernunft immer von Neuem erst darzustellen sucht.

In einer trüben Zeit habe ich diese Schrift verfasst, in der Trauer um meinen Vater. Ihm danke ich namentlich die Einführung in die schwierigeren Gebiete der rabbinischen Literatur.

Und als der furchtbare Bruderkrieg zwischen den beiden grossen Culturnationen entbrannte, schloss ich das Buch und nur mit Mühe, um nicht den Groll gegen die menschlichen Verirrungen in diese Arbeit des Friedens eindringen zu lassen.

So wandere hinaus du mein Erstlingswerk und finde so freundliche Leser, die friedlich dich aufnehmen, wie ich dich aus bescheidenen und friedlichen Räumen entlasse!

. . . . „*Fuge, quo descendere gestis: Non erit emisso reditus tibi*". . . . .

Zürich, 15. Mai 1871.

Dr. Levin.

I. Von Gott,

aus dem innern Zusammenhang und der wechselseitigen Entwickelung der Religion und Philosophie.

אהי׳ אשר אהי׳

2. Mos. 3, 14.

In der seelischen Natur des Menschen unterscheidet man den Geist und das Gemüth. Wie nun die seelische und leibliche Natur in Wechselbeziehung stehen, so werden wir die geistigen Kräfte, wenn auch nicht durch die leiblichen hervorgerufen, so doch als von ihnen abhängig ansehen müssen. Leib und Seele, sagt Aristoteles, theilen sich gegenseitig ihre Affectionen mit. Es wird die Manie durch Arzneimittel und veränderte Diät geheilt, obgleich sie ihren Sitz in der Seele zu haben scheint. Umgekehrt wieder sind die Eigenschaften des Leibes Aeusserungen der Eigenschaften der Seele.[1]

Die Empfindung ist die erste geistige Thätigkeit, zu der uns die Sinne veranlassen; sie wurzelt in dem Gegenwärtigen. Das Gefühl äussert ein Verlangen und der Genuss befriedigt dasselbe. Das Kind wie die Menschheit in der Kindheit befriedigen nur die Forderungen des Gefühls. Befindet sich der Körper in Harmonie, so unterbleiben weitere Wünsche und in diesem Zustande erwacht die Kraft des Denkens. So erkennt Aristoteles in der Empfindung ein Bewegendes, im Denken ein Ruhendes. Der unruhige Fluss

---

[1] S. Physiogn. c. 1—4.

der Empfindungen der Seele, wie er in der Kindheit sich kundgibt, muss vorerst zum Stehen gekommen sein, wenn der Verstand zur Herrschaft gelangen soll.[1] Der Gedanke hat das empfundene Einzelne im Hintergrunde. Real leben wir in der Welt der Wirkungen, denkend aber streben wir in die Welt der Ursachen. Die Vernunft setzt den die Causalität erkennenden Verstand voraus. So erfolgen nach Plato[2] die Gegenstände des Begehrens der Seele (Empfinden und Denken) in dieser Ordnung:

1) jene sinnliche Lust, welche aus Unlust entsteht und mit dieser gemischt ist;
2) die nicht mit Unlust verbundenen, harmlosen Belustigungen der wahrnehmbaren Sinne;
3) die Schöpfungen der Kunst;
4) das geistige Erkennen, die Philosophie;
5) das geistige Schöne;
6) die ewige Ursache des Guten selbst;

So lange der Mensch ein vegetatives Leben führte und in sich ein Wohlbehagen durch die Befriedigung seiner Wünsche, die ihm die Sinne gegeben, verspürte, kannte er ein relativ glückliches Leben. Mit dem Erwachen der Denkkraft kam aber das peinigende Grübeln über Ursprung und Zweck, kam das Bewusstsein der menschlichen Schwäche und Grenze. Nach dem ewigen Anfang alles Bewegens, nach dem Göttlichen sucht und strebt der Mensch.[3]

Es wurzelt aber auch das Denken in der Sinnlichkeit und die Seele kann ohne ein Bild der Einbildungskraft Nichts denken. Daher können wir einen Gott nicht denken, sondern nur voraussetzen und annehmen. Er beginnt für

---

[1] Phys. VII, 3.
[2] Phileb. 20 c. 62 a. 66 a.
[3] S. Aristot. phys. VIII, 7 und de anim. II, 4.

uns mit dem Augenblicke zu sein, wo wir zu denken aufhören müssen und ihn als die Grenze unseres Denkens bezeichnen. Die Idee von Gott ist also keine von den Sinnen mitgetheilte oder selbst geschaffene, sie ist vielmehr angeboren. Nicht durch die leiblichen Augen kommt das Licht zur Erkenntniss, sondern es wird, wie Philo sagt, durch den Einfluss geweckt, der von Gott kommt. Und nach Plato[1] entsteht der Glaube an das Dasein Gottes, der Trieb, ein Göttliches zu verehren, aus dem innewohnenden Gefühl der Verwandschaft mit den Göttern. Schon Homer[2] sagt: πάντες θεῶν χατέουσ' ἄνθρωποι. Ebenso stellt Cicero[3] die Frage auf: *Quae est gens aut quod genus hominum, quod non habeat sine doctrina anticipationem quandam deorum?* Anderwärts[4] spricht er: *Ut porro firmissimum hoc afferri videtur, cur deos esse credamus, quod nulla gens tam fera, nemo omnium tam sit immanis, cuius mentem non imbuerit deorum opinio.* Hiermit ist zu vergleichen, was Seneca[5] sagt: *Omnibus de diis opinio insita est, nec ulla gens usquam est adeo extra leges moresque proiecta ut non aliquos deos credat.*

Die Uebereinstimmung, die sich bei allen Völkern in der Vorstellung von einem Gotte zeigt, ist also für keinen blossen Zufall zu erachten, sie ist vielmehr dem unserer Natur angeborenen Zuge beizumessen. Nach Schleiermacher liegt der Religion eine besondere und edle Anlage im Menschen zu Grunde, nämlich das fromme Gefühl als die Richtung des Gemüthes auf das Unendliche und Ewige. „Uns Allen wohnt, sagt Schelling, ein geheimes, wunderbares Vermögen

---

[1] De legg. X, 889. d. ὅτι μὲν ἡγεῖ θεοὺς, ξυγγένειά τις ἴσως σε θεία πρὸς τὸ ξύμφυτον ἄγει τιμᾶν καὶ νομίζειν εἶναι.
[2] Odyss. III, 48.
[3] De nat. deor. I, 16.
[4] Tusc. disp. I, 15.
[5] Epist. 117.

bei, uns aus dem Wechsel der Zeit in unser Innerstes, von allem, was von Aussen her hinzukam, entkleidetes Selbst zurückzuziehen, uns da unter der Form der Unwandelbarkeit das Ewige anzuschauen; diese Anschauung ist die innerste, eigenste Erfahrung, von welcher allein alles abhängt, was wir von einer übersinnlichen Welt wissen und glauben." Gott selbst, bemerkt J. H. v. Fichte,[1] und allein Er ist es, der diesen Antrieb (ihn zu suchen) in uns zu erregen vermag, so gewiss er überhaupt als Grundursache zu allem Endlichen und so auch zum Menschen sich verhält, und somit auch als der Urheber von Allem gedacht werden muss, was in unserm Bewusstsein als ein durchaus Allgemeines wie in seinen Wirkungen als Unaustilgbares sich ankündigt."[2]

Wenn der Verfasser der „Gottesweisheit" „die angeborene Gottesidee" verwirft und den Menschen einen „geborenen Atheisten" nennt, dass sie von Aussen bedingt sei, so erwidert v. Reichlin-Meldegg[3] ganz richtig: „dass der Mensch nicht nur durch den Factor der Aussenwelt bedingt ist, sondern auch durch den innern oder psychischen Factor, den Factor oder die ursprüngliche Beschaffenheit der in seiner Seele liegenden Keime und Kräfte. Nicht nur von der Bedingung der Aussenwelt, sondern noch weit mehr von diesem innern Factor hängt sein Denken, Wissen, Glauben und Wollen in seiner eigenthümlichen Entwickelung und ebenso auch seine religiöse Auffassungs- und Entwickelungsreife ab. Der Mensch ist keine *tabula rasa*, auf welche die Gottesidee nur so von Aussen her hineingeschrieben wird. So liegt nicht der Keim zum Atheismus, sondern zum Gottglauben

---

[1] S. Zeitschr. für Philosophie und philosoph. Kritik. Bd. 57. Heft 1. Halle 1870.
[2] Vergl. Flügel, das Wunder und die Erkennbarkeit Gottes. S. 127 ff. Leipz. 1869.
[3] S. Zeitschr. f. Philos. und philos. Kritik. Bd. 56. Heft 2.

im Menschen, und dieses beweist die Menschheitsgeschichte selbst, da alle Menschen auf einer gewissen Bildungsstufe zu diesem Glauben kamen. Wenn auch nicht *realiter*, doch *virtualiter* liegen diese Keime ursprünglich in der Menschenseele. Die allgemeine Entwicklung derselben unter den verschiedensten Umgebungen ist der schlagendste Beweis dafür." Für sein richtiges Naturgefühl schafft sich der Mensch Beweise und der kosmologische, teleologische, der historische, ontologische und moralische Beweis soll das Dasein Gottes verbürgen.[1]

Zwei Wege thun sich den Begehrenden nach der Gottheit auf, der der Furcht und der der Erkenntniss.

Der Mensch musste im Vergleich seiner Kräfte zu denen in der Natur in diesen eine ihm überlegene Gewalt anerkennen, die er durch Anbetung für sich zu gewinnen hoffte. Es ist das die unterste Stufe der Gotteserkenntniss. „*Causa*, sagt Spinoza,[2] *a qua superstitio oritur, conservatur et fovetur, metus est. Hominus nonnisi durante metu cum superstitione conflicantur, eaque omnia, quae unquam vana religione coluerunt, nihil praeter phantasmata animique tristis et timidi fuere deliria.*"

Ludw. Feuerbach fasst diese Religion als Naturreligion auf und führt schliesslich den Grund aller Religion auf das Abhängigkeitsgefühl zurück, indem er sich folgendermaassen ausdrückt: „Der Gegenstand dieser Abhängigkeit ist die Natur, denn in der Natur leben, weben und sind wir. Das aber, wovon der Mensch abhängt, was die Macht über Tod und Leben, die Quelle der Furcht und Freude ist, das ist und heisst der Gott der Menschen. Das Abhängigkeits-

---

[1] S. Pfleiderer, die Religion, ihr Wesen und ihre Geschichte. Bd. I. S 160 ff. Leipz. 1869.

[2] In der Vorrede zu seinem tractatus theologico-politicus.

gefühl führte uns auf den Grund der Thatsache, dass der Mensch die Natur, überhaupt einen Gott nur verehrt wegen seiner Wohlthätigkeit oder wenn auch wegen seiner Schädlichkeit und Schrecklichkeit, doch nur desswegen, um diese seine Schädlichkeit von sich abzuwenden, auf den Egoismus als den letzten verborgenen Grund der Religion. Wo kein Bedürfniss, da kein Abhängigkeitsgefühl und da also auch keine religiöse Verehrung. Zum Ziel hat demnach dieser Egoismus menschliche Glückseligkeit."

Je nach der Entwickelungsstufe des Geistes hat sich auch die Naturreligion gesteigert und von der untersten Stufe der blossen Naturanbetung ist eine lange Reihe, bis der Geist endlich sein Verhältniss zum Unendlichen, seine Freiheit und Abhängigkeit erfasst.

Pfleiderer[1] theilt nun die Religion nach ihrer Beziehung zur Freiheit und Abhängigkeit wie folgt ein:

I. Theil. Die heidnischen Religionen.

I. Abschn. Religionen der unmittelbaren Natürlichkeit (Naturreligion).
1. Kap. Die Naturreligion unter dem überwiegenden Typus der Abhängigkeit: Semiten und Aegypter.
2. Kap. Die Naturreligion unter dem überwiegenden Typus der Freiheit: altindische und germanische Religion.

Anh. z. 1. Abschn. Fetischismus und Schamanismus.

II. Abschn. Religionen der cultivirten Natürlichkeit (Culturreligion.
3. Kap. Die Culturreligion unter dem überwiegenden Typus der Freiheit: Griechen und Römer.
4. Kap. Die Culturreligion unter dem überwiegenden Typus der Abhängigkeit: Chinesen.

---

[1] A. a. O. Bd. II. S- 59.

III. Abschn. Religionen des Uebernatürlichen.
5. Kap. Erhebung über die Natur-Abhängigkeit durch negativ-sittliche Selbsterlösung: Brahmanismus und Buddhismus.
6. Kap. Erhebung über die natürliche Freiheit durch positiv-sittliche Zweckbeziehung auf das göttlich Gute: Religion des Zarathustra.

II. Theil. Die monotheistischen Religionen.
1. Abschn. Das Judenthum.
2. Abschn. Der Islam.
3. Abschn. Das Christenthum.

Der Fetischismus oder Schamanismus [1] ist das roheste Erfassen der Gottheit. Nur das dem Körper feindliche Element sucht man zu versöhnen und betet den Stein wie das Feuer an in seiner Wesenheit, nicht bloss als Symbol einer bösen oder guten Gottheit, wie in Mittelafrika und Hochasien.

Bei den Aegyptern [2] ist Neïth das Ewige, aber noch kein Sterblicher hat seinen Schleier gelüftet. Ihr Religionsdienst ist den Kräften der Natur zugewendet. Die Veränderungen im Kreislauf derselben werden durch Osiris, den Sonnengott, Isis, die hervorbringende Naturkraft der Erde, und Horus, den stets die Natur Erneuernden, bewirkt. Das Unerforschliche ist in den Geschöpfen ausgeprägt, in deren Instinkte der unbegreifliche Naturgeist noch schlummert. Wie der Instinkt der niedrigste geistige Grad ist, so war auch die religiöse Anschauung der Aegypter noch auf der Stufe, auf welcher man die Natur instinktmässig anschaut, ohne sich

---

[1] S. Schultze, der Fetischismus. Leipz. 1871. — Wuttke, Geschichte des Heidenthums. Th. I. Bresl. 1853.
[2] Dunker, Geschichte des Alterthums. Bd. II. Berl. 1866—67. — Bunsen, Aegypten's Stellung in der Weltgeschichte. Gotha 1845—57. — Röth, Geschichte uns. abendländ. Philos. Bd. I. Mannheim 1865.

zum Selbstbewusstsein und zur Freiheit über die Natur erheben zu können.

Die vollendetste Naturreligion finden wir bei den Griechen,[1] bei welcher aber die Dichtung ebenso viel Antheil hat als der dem Menschen innewohnende Drang, ein Göttliches zu verehren. Nicht blinde Gewalten, sondern eine wohlthätige Ordnung und Gesetzmässigkeit erkennt sie in der Natur, welcher Verehrung gebühre. Doch bestimmt auch hier nicht Gott den Menschen, sondern der Mensch ist das Maass des Göttlichen. Erst der Euhemerismus[2] löste diesen Anthropomorphismus in Phantasiegebilde auf.

Der Religion des Fohi[3] (in China und Japan) erscheint die Welt als ein unaufgeklärtes Geheimniss. Sie reflectirt daher über Entstehen und Vergehen und die Unterscheidung von Kraft und Stoff zeigt sich, wenn auch erst in concreter Gestalt. Die allgemeinsten Erscheinungen sind ihr Erde und Himmel, dieser ist die hervorbringende Kraft, jene der leidende Stoff. Zu beiden bildet der Mensch, als zur Erhaltung der Ordnung mitwirkend, ein ergänzendes Glied. Doch erscheint der Mensch als ein blosses Naturproduct.

In speculativer Weise stellt die Religion der Inder oder Hindus in Ostindien[4] ein Emanationssystem auf. Der Brahma,

---

[1] Preller, griech. Mythologie. — Dunker, a. a. O. Bd. III.
[2] S. die Fragmente der ἱερὰ ἀναγραφή des Euhemerus in Diod. Sic. bibl. hist. herausgeg. von Wesseling. Th. II. S. 633 und in Enn. Fragment. herausgeg. von Hessel. S. 212.
[3] S. Wuttke, a. a. O. Th. II. — Pfleiderer, a. a. O. Th. II. S. 171 ff.
[4] S. Creuzer, Symbolik und Mythologie der alten Völker u. s. w. Th. I. Kap. II. § 11. S. 425—438. 3. Aufl. Leipz. u. Darmst. 1837—1844. — Meiners, allg. krit. Gesch. der Religionen. S. 796 ff. Hannov. 1806. — Wuttke, a. a. O. Th. II. — Dunker, a. a. O. Th. II. — Bastian, die Weltauffassung der Buddhisten. Berl. 1870.

das höchste Urwesen, wollte diese Welt schaffen und er gebar aus sich die Maja oder Bhawani. Mit dieser zeugte er eine Götterdreiheit, welche mit ihm Eins ist: Brahma, die Erde, der Schaffende (Stoff und Seele aller Naturkörper, Wesen aller Thätigkeiten, Ahnherr aller Geister); Wischnu, das Wasser, der Erhalter und Lenker der Welt; Çiwa, das Feuer, das Prinzip des Werdens und Vergehens. Diese drei bilden die heilige Dreinigkeit (Trimurti), welche das Zeichen *AUM* (om) darstellt. Aus dieser bunten Welt des Wechsels (Sansara) muss der Mensch durch Negation der sinnlichen Triebe einer anderen Welt zustreben. Diese ist das Nirvana, ein wesenloser Ort, und durch Eingang in die Bewusstlosigkeit erreicht der Mensch sein höchstes Ziel, das jedoch erst nach beendigtem Kreislauf der Seelenwanderung.

Die Religion des Zoroaster [1] geht auf die Idee. Die in der Natur wirkenden Mächte sind Leben und Tod, jenes ist das Licht, das Gute, Ormuzd, — dieser die Finsterniss, das Böse, Ahriman. Ueber diesen beiden steht ein unbegrenztes Urwesen, Zeruane Akerene, (die unbegrenzte Zeit). Diese schuf durch das lebendige Wort Honover zwei Prinzipien der Dinge, Ormuzd und Ahriman. Ersterer verbindet das Urlicht, Urfeuer und Urwasser, letzterer ist nicht in der Natur geschaffen, sondern nur zugelassen, damit der Sieg des Ormuzd möglich sei, der darin besteht, dass das Böse in das Gute wieder eintritt. Ormuzd schuf die Welt auf den Wunsch des Ewigen durch das Wort Honover aus Urlicht und Urwasser. Dem Reiche des Ormuzd hat der Mensch nachzustreben.

---

[1] Spiegel, Avesta. Leipzig 1852. — Dunker, Gesch. des Alterthums. Th. II. — Bunsen, Gott in der Geschichte. XI. Leipz. 1857 — 1858. — Röth, a. a. O. Bd. I.

Im Gegensatz zu dieser Naturreligion theils roher, theils mystischer, naiver und speculativer Elemente trat die den Charakter wissenschaftlicher Forschung mit Beweisführung tragende Philosophie auf. Die ursprüngliche Richtung der Philosophie ist auf den Grund alles Seins gerichtet, auf Gott gestellt; sie ist demnach Theologie.

Die Philosophie bedarf eines allgemeinen Begriffes. Die Begriffe in der Zerstreuung müssen zum Begriff eines Ganzen führen. Das Streben nach dem Grunde zeigt sich als ein Streben nach Prinzipien in jeder Wissenschaft. Hier ist der Trieb, aus der Vielheit eine Einheit zu schaffen. Wenn wir von der Erscheinung auf den Grund zurückgehen, so hören die einzelnen Wissenschaften in den Prinzipien auf, die Philosophie aber fängt mit den Prinzipien erst an. Die Prinzipien selbst liegen im Ganzen. Die Philosophie als die Wissenschaft der Idee fasst das Ganze zuerst auf, weil sie den Zweck des Ganzen und aus dem Ganzen die Theile zu verstehen sucht. Der Gedanke des Ganzen muss vorgedacht sein und also müssen die Theile vom ersten Gedanken auch stammen. Dieser Anschauung gegenüber erkennt eine andere nur in dem Materialen den Erklärungsgrund der Welt und ihrer Erscheinung. Für diese ist jener Gedanke Resultat, aber nicht Prinzip.

In dem Streben nach der letzten Einheit, dem letzten Allgemeinen wird die Philosophie die Erkenntniss des Umfassendsten und Allgemeinsten sein.

Die Philosophie ist aber überhaupt aus der Wissenschaft entstanden; kann also nicht aus dem Oriente gekommen sein, wo keine Wissenschaft war; denn dort ist die Philosophie nur aus dem Impuls religiöser Ideen hervorgegangen, wie die Scholastik im Mittelalter. Mit Aristoteles befreit sich das griechische Denken von der orientalischen Anschauung. Vom Orient zum Occident ist ein Sprung, kein stetiger Zusammenhang, wie ein solcher von Thales bis Hegel ist. Die entscheidenden Vertreter der Philosophie des Alterthums sind die Griechen. Bei allen grossen Erfolgen mussten sie endlich an einen Punkt gelangen, wo sie ihre menschliche Grenze fühlten. Da trat ihnen das Volk Israel entgegen und zeigte eine aus göttlicher Sphäre ihm zugekommene Offenbarung.

Verfolgen wir in kurzen Zügen den Gang der Philosophie bis zu diesem Zeitpunkt. Da finden wir in der I. Periode ihrer Forschung die Richtung auf das All, die Kosmologie. (Von Thales bis zu Anaxagoras und den Atomistikern.) In der II. Periode geht die Richtung auf den Menschen als wollendes und denkendes Subject, auf die Ethik und Logik. (Von den Sophisten bis auf die Stoiker, Epikurer und Skeptiker.) In der III. Periode finden wir die Richtung auf die Gottheit und ihr Verhältniss zum All, auf die Theosophie, mit Aufnahme der früheren Resultate. (Vom Neupythagoreismus bis zum Ausgang der neuplatonischen Schule.)

Nach Aristoteles [1] nahmen die meisten von denen, die zuerst philosophirt hatten, materielle Urgründe an. So ist nach Thales Alles aus Wasser geworden und Alles mit Göttern angefüllt. [2] Selbst die anziehende Kraft des Magnets ist eine Seele ($\psi v \chi \eta$). [3] Anaximander, das materielle Urwesen Prinzip ($\alpha \varrho \chi \eta$) nennend, nimmt als solches das Unbegrenzte, das $\alpha \pi \varepsilon \iota \varrho o \nu$ an. Dieses fasst Alles in sich und

---

[1] Metaphys. I, 3 und de coel. II, 13.
[2] Πάντα πλήρη θεῶν εἶναι. S. Aristot. de anim. I, 8 und de mund. c. 6.
[3] Aristot. de anim. I, 2.

wird daher das Göttliche (τὸ θεῖον) genannt.¹ Anaximenes bestimmt als das Prinzip die Luft. „Wie unsere Seele, die Luft ist, uns zusammenhält, so umfasst Hauch und Luft das Weltall."² Heraklit setzt als substantielles Prinzip das ätherische Feuer, welches Gott ist.³ Alle Dinge sind in einem beständigen Fluss des Werdens und Vergehens (πάντα ῥ᾽εῖ). Von diesem Hylozoismus, den die älteren jonischen Naturphilosophen vertreten, kommen wir auf die Pythagoreer, welche ein formales, immerhin aber noch substantielles Prinzip erkennen, nämlich die Zahlen, ἀριθμοι, welche Pythagoras wie die Worte für die wohlthätigsten Erfindungen hielt. Die Welt ist ein grosses, durch Zahlen harmonisch gewordenes Ganzes. Die Seele ist durch Zahl mit dem Körper verbunden. Die Seele der Welt strömt von der Hestia aus, dem Centralfeuer, um das sich täglich Erde und Gegenerde drehen.⁴

Die Eleaten kamen auf die begriffliche Einheit des ewigen Seins. Xenophanes behauptet, alles Seiende ist Eins⁵ und dieses Eine ist Gott.⁶ Er ist also ewig und unveränderlich.⁷ Parmenides meint: Es gibt kein Werden, Alles ist. Denken und Sein ist identisch. Das Seiende nur kann gedacht werden und das Denkbare hat auch Existenz. Gott ist ihm das Centralfeuer im Mittelpunkt des Alls.⁸ Wie Parmenides eine begriffliche Einheit nimmt, so Melissus eine materielle. Ueber Götter müsse man schweigen, weil sie nicht zu erkennen wären.⁹

---

[1] S. Aristot. phys. III, 4 und Diog. Laert. II, 1.
[2] Cicero de nat. deor. I. 10 und acad. quaestt. II, 37.
[3] S. Aristot. metaphys. I. 3, 7 und de mund. c. 5.
[4] Aristot. de coel. II, 13. Stob. ecl. I, 23.
[5] ἓν εἶναι τὸ πᾶν. Sext. Emp. hypotyp. I, 225.
[6] ἓν τοῦτο καὶ πᾶν τὸν θεὸν ἔλεγεν. Simplic. ad Aristot. phys. p. 6. a.
[7] Aristot. de Xenoph., Zen. et Gorg. C. 3.
[8] Simplc. ad Aristot. phys. p. 9.
[9] ἀλλὰ καὶ περὶ θεῶν ἔλεγε, μὴ δεῖν ἀποφαίνεσθαι, μὴ γὰρ εἶναι γνῶσιν αὐτῶν.

Die jüngeren Naturphilosophen unterscheiden Ursache der Bewegung von der bewegungslosen Materie. Empedokles stellt vier Elemente, Erde, Wasser, Luft und Feuer als materielle Prinzipien auf; die ideellen Prinzipien, Liebe und Hass sind die bewegenden Kräfte, vereinend und trennend. Ein Entstehen und Vergehen gibt es nicht; es gibt nur Mischung und Trennung.[1] Anaxagoras stellt zuerst die Lehre von dem selbständig existirenden νοῦς auf, der dem schon existirenden Chaos eine Bildung gab.[2] Der Geist erkennt die Dinge (πάντα ἔγνω νοῦς). Doch fasst Anaxagoras den νοῦς als Naturkraft auf.[3] Die Atomistiker Leukippus und Demokrit kennen keine Götter, letztere sind ihnen die εἴδωλα. Alles geschieht durch die Nothwendigkeit (ἀνάγκη).

Von dieser rein kosmologischen Forschung bilden die Sophisten den Uebergang zu der Philosophie des Plato und Aristoteles.

Protagoras meint: πάντων χρημάτων μέτρον ἄ ϑρωπον εἶναι, τῶν μὲν ὄντων, ὡς ἔστι, τῶν δὲ μὴ ὄντων, ὡς οὐκ ἔστιν.[4] Wie Jemandem etwas scheint, so ist es auch für ihn; nur relative Wahrheit ist möglich. Der Nihilist Gorgias spricht die Sätze aus: 1) es ist nichts; 2) wenn etwas wäre, so könnte man es nicht erkennen; 3) wenn aber auch etwas wäre, das erkannt werden könnte, so wäre die Mittheilung der Erkenntniss an Andre nicht möglich.[5] Hippias spricht beim Plato[6]: ὁ δὲ νόμος, τύραννος ὢν τῶν ἀνθρώπων, πολλὰ

---

[1] Aristot. phys. VIII, 1.
[2] S. Aristot. phys. I, 4. VIII, 1. metaphys. I, 3.
[3] S. Plat. Cratyl. 413. c. und das. Heindorf § 65.
[4] Plat. Theaet. 152. a. Cratyl. 385. e. Diog. Laert. IX, 51. Sext. Emp. hypotyp. I, 32, 216.
[5] Aristot. de Xenoph., Zen. et Gorg. C. 5 ff. Sext. Emp. adv. mathem. VII, 65 ff.
[6] Protag. 337. d.

παρὰ τὴν φύσιν βιάζεται. Im Prodikus erkennen wir schon die hereinbrechende Atmosphäre der Sokratischen Philosophie, die das Ethische betont.[1]

Während bei den Sophisten die Reflexion über den Menschen sich auf seine Naturseite beschränkt, wendet sich Sokrates zu dem geistigen Menschen. Das Selbstbewusstsein ist der Mittelpunkt, von dem die Philosophie des Sokrates ausgeht. Begründer der Ethik identificirt er Tugend und Wissen. Wer die Tugend kennt, der übt sie und desshalb ist die Erkenntniss der Tugend Endzweck. Mangel an Selbstbeherrschung beruht auf Nichtwissen.[2] Sokrates schliesst auf die Vorsehung und von dieser auf die Macht und Liebe Gottes. Man solle nicht warten, sagt er, bis man das Göttliche schaue, sondern man müsse die Werke erkennen und das Göttliche ehren. Aus den Werken schliessen wir auf den Unsichtbaren; wir spüren die Wirkung der Winde, des Blitzes, der Seele, aber unsichtbar. Die geistige Liebe und die Unsterblichkeit der Seele als deren Quelle ist der Hauptinhalt der Sokratischen Lehre.

Von seinen Nachfolgern lehrt Euklides, das Gute ist Eins, obgleich verschieden benannt, Einsicht, Gott, Vernunft; das dem Guten Entgegengesetzte ist ein Nichtseiendes. Das Gute bleibt sich ewig gleich.[3] Nach Antisthenes ist die Tugend das höchste Ziel des Menschen. Das Gute ist das uns Zukommende (οἰκεῖον), das Böse ein Fremdes (ξενικόν, ἀλλότριον). Aristippus erkannte in der Lust das höchste Sein, wesshalb er die Bestimmung des Menschen in den

---

[1] Vgl. Hercules am Scheidewege bei Xenoph. memorab. II, I, 21.
[2] Aristot. eth. Nicom. VI, 13.
[3] Diog. Laert. II, 196.

Genuss des Vergnügens mit Geschmack und Freiheit des Geistes setzte und die Kunst, das Leben zu geniessen lehrte.[1]

Plato bestimmt das Gute als die höchste Idee der Welt. Das Werden geschieht nach dem Urbild der Grundgestalt. Die allgemeine Gestalt wird das Seiende genannt. Die sichtbare Welt ist im Werden begriffen und das geschieht um des Seins willen. In dem Werdenden soll das Gute erfüllt werden. Die letzte Idee ist die Idee des Guten. Das Urbild, das Seiende in Ewigkeit, das Höchste ist Gott.[2] Gott ist nicht ein gutes Wesen, sondern über alles Wesen erhaben; er ist unerfassbar. Die Materie ist nicht Ursache, sondern Mitursache der Idee und ist gezwungen, das Göttliche, die Idee in sich aufzunehmen. Die den Raum erfüllende Materie ist ewig, ebenso ewig sind die Formen, die als Ideen existiren. Nach der vollkommensten Idee schuf Gott aus der formlosen Materie die Welt ($τὸν$ $κόσμον$). Eine Verschmelzung der Form (Idee) mit der Materie kam dadurch zu Stande, dass jedes Ding eine Seele erhielt, durch die es ein ordnungsmässiges Leben führen kann. Das All ($τὸ$ $ὅλον$) erhielt die Weltseele. Nur vom Einen, dem Unveränderlichen, dem ewig Wahren, kann mit Recht gesagt werden: es ist.[3] Selbst nicht Gott konnte die sterblichen Wesen schaffen, denn sonst würden sie wie die Götter unsterblich sein; desshalb übertrug er deren Bildung den „erschaffenen Göttern" und legte in die Geschöpfe nur so viel hinein, als von ihnen unsterblich sein sollte.[4] Nach Plato schuf also Gott nicht auch die Materie, beide sind vielmehr ewig' nebeneinander. Die

---

[1] Vgl. Diog. Laert. II, 75 und Cic. de off. III, 33.
[2] S. Stumpf, Verhältniss des Plat. Gottes zur Idee des Guten. Halle 1869.
[3] Plat. Tim. 37. c.
[4] a. a. O. 41. b.

Existenz Gottes erkennt er aus der weisen Schöpfung, denn nur das Ordnungsmässige ist Folge der nach einem Plane wirkenden Weisheit. Dieser Gott ist der vollkommenste, dem der Mensch nachzustreben hat. Er übt Vergeltung in einem jenseitigen Leben, in welchem die Seele, ein Abbild Gottes, unsterblich verharrt. Aristoteles, von der Empirie ausgehend, setzt für die platonische Idee das Prinzip der Form ($\mu o\varrho\varphi\acute{\eta}$). Diese ist der Zweck und das Endziel alles Werdens in der Natur,[1] nach welchem das Bewegen strebt. Denn die Bewegung ist es, die die Verbindung der Materie mit der Form bewirkt.[2] Stoff ohne Form existirt nicht, doch ein Formprinzip, unabhängig vom Stoffe.[3] Die menschliche Seele, die Vereinigung der Kräfte aller Wesen, ist der Mikrokosmus.[4] Der $\nu o\tilde{\upsilon}\varsigma$ ist ein Selbständiges, dem Körper eingehaucht und als Göttliches unsterblich.[5] Das unsichtbar Ergänzende, das mit der sichtbaren Welt die Harmonie der Schöpfung bewerkstelligt, ist der Raum ($\tau\acute{o}\pi o\varsigma$). Dieser Raum ist das höhere Substantielle, welches das niedere Substantielle umfasst. Der Raum ist die Grenze der Welt; der äusserste Himmel ist die letzte Grenze und da es ausser der Welt keinen Raum gibt[6] so kann die Grenze des Himmels, ein raumloser Raum, nur Gott sein.[7] Die Welt ist ohne Anfang und ohne Ende,[8] wie auch die Bewegung.[9] Urheber der

---

[1] Phys. II, 1.
[2] Metaphys. VII, 6.
[3] Metaphys. V, 8; VII, 4.
[4] De anim. III, 8.
[5] De generat. animal. II, 3 und de anim. II, 1—6. III, 2, 3, 5.
[6] De coel. I, 9.
[7] Sext. Emp. hypotyp. III, 218. Ἀριστοτέλης ἀσώματον εἶπεν τὸν θεὸν εἶναι καὶ πέρας τοῦ οὐρανοῦ.
[8] De coel. I, 10 ff. S. Siebeck, Aristoteles über die Ewigkeit der Welt, in der Zeitschr. f. exacte Philos. Bd. IX, Heft 1, 2. Leipz. 1869.
[9] Phys. VIII, 1.

ersten Bewegung, ohne wieder bewegt zu werden, ist Gott[1] (τὸ πρῶτων κινοῦν ἀκίνητον); er ist der absolute Geist, die ewige Form, die sich selbst denkende Vernunft.[2] Diesen Gott, das Produkt der reinen Speculation, setzt Aristoteles in keine Beziehung zum sittlichen Menschen.

Das sind die Resultate der Philosophie eines Plato und Aristoteles, der beiden Genien, mit denen die griechische Philosophie ihren Höhepunkt erreicht.

Die Nachfolger des Aristoteles bilden nur einzelne Seiten der Philosophie desselben aus. Strato erkennt keinen selbstständigen νοῦς; die Bildung der Welt ist Folge der in der Natur wirkenden Kräfte.[3]

Die Stoiker nehmen eine Immanenz an.[4] Stoff und Kraft, die Grundprinzipien, sind untrennbar verbunden. Die wirkende und schaffende Kraft im All ist die Gottheit (πνεῦμα) welche materieller Natur ist.[5] Die Seele, ein feuriger Körper, ist sterblich.[6] Ein naturgemässes Leben (τῇ φύσει ὁμολογουμένως ζῆν)[7] ist das ethische Ziel.

Die Epikureer bedürfen keiner Götter, Alles geschieht naturgemäss. Bis zum Menschen war eine allmälige Entwickelung der Materie. Die Seele, aus den feinsten Atomen bestehend, verfliegt nach dem Tode. Nur das Leere ist unkörperlich, das keine Wirkungen übt, nicht aber die Seele, die solche erzeugt.[8] Die Lust ist das höchste Gut des Menschen und der Anfang und das Ende eines glückseligen

---

[1] Phys VIII, 5.
[2] Metaphys. IX, 9.
[3] S. Diog. Laert. V, 58. Cic. de nat. deor. I, 13. acad. quaestt. IV, 38. Sext. Emp. hypotyp. III, 32. 136 ff. adv. mathem. VII, 350. X, 155. 177. 228.
[4] Diog. Laert. VII, 134.
[5] S. Cic. acad. quaestt. I, 11.
[6] S. Diog. Laert. VII, 156.
[7] Vergl. Cic. acad. quaestt. I, 10 ff.
[8] Diog. Laert. X, 67.

Lebens (ἡδονὴν ἀρχὴν καὶ τέλος λέγομεν εἶναι τοῦ μακαρίως ζῆν).[1]

Diesen nacharistotelischen Verirrungen folgte naturgemäss der Skepticismus. Dieser bestritt endlich die Möglichkeit eines Wissens, so dass man nicht einmal weiss, dass man nichts wisse.[2] Der Eklekticismus, dessen Hauptvertreter Cicero ist, erkennt den Widerspruch des Glaubens an die Gottheit und der speculativen Philosophie. Es gebe, behauptet er, noch keine philosophische Doctrin von Gott und Welt, die nicht anzugreifen wäre.[3] Seine Ethik baut er desshalb auf den Glauben an das Dasein Gottes.

Wir kommen jetzt an die Stelle, wo Religion und Philosophie sich in's Auge blicken. Die Theosophie des Juden Philo[4] knüpft an den Platonismus an, ihn ergänzend und der Religionslehre zuführend. Philo lehrt: Gott ist durch den Verstand nicht zu begreifen, man kann nur wissen, dass er ist; er ist der Seiende (ἰ ὤν) oder überhaupt nur das Sein (τὸ ὄν). Er existirt für sich, in keiner Berührung mit dem Stoffe. Sein Wesen ist unbegreiflich. Beziehungen für seine Eigenschaften sind nur symbolisch aufzufassen, er ist ἄποιος. Auch über die Idee des Guten ist Gott erhaben. Da Gott mit der sinnlichen Welt in Folge seiner Erhabenheit nicht in Berührung kommen kann, schuf er zuerst die Ideen, Urbilder der Dinge, welche zugleich die Boten Gottes, seine Engel sind. Diese sind die Vermittler zwischen Gott und der Welt, sie sind vereinigt in dem λόγος, dem so zu sagen erstgebornen Sohne Gottes, der göttlichen Vernunft.

---

[1] S. Diog. Laert. X, 128 ff.
[2] Cic. acad. quaestt. I, 12.
[3] Cic. de nat. deor. I, 2.
[4] S. Graetz, Geschichte der Juden. Bd. III. S. 318 ff. Leipz. 1856.

Aus Nichts hat Gott die Welt durch das schöpferische Wort, den λόγος προφορικός, geschaffen. Auf dem Wege der Empirie, den die Griechen gingen, vermochten sie anfänglich die Natur nicht in ihrer Einheit zu fassen und wir sehen den Polytheismus entstehen; in dem Zeitpunkte endlich, wo die Einheit der Natur angenommen wurde, identificirte man Gott und die Welt. Aus diesem Pantheismus reisst sich Plato, der aber Gott schon mit dem Herzen erfasst und somit von allen Philosophen dem geoffenbarten Worte am nächsten kommt.

Was das geistreichste Volk des Alterthums nicht fand, das äusserte sich als empfangene Wahrheit beim Volke Israel. Die Offenbarung kam dem menschlichen Geiste zu Hilfe und bedingte den Glauben. Sie lehrte Gott vor der Welt als ursächliches Prinzip, dessen Gedankenausdruck diese Schöpfung ist. Der Dualismus von Stoff und Geist ist hiernach nur in der Schöpfung, nicht im Schöpfer.

Ein forschender Blick in das Universum ergibt Absolutes und Bedingtes. Das Absolute, ewig sich gleich Bleibende, sowohl dem Raume wie der Zeit nach, ist unendlich; denn da Endliches begrenzt ist, so muss es etwas geben, das dem Raum nach unbegrenzt ist. Ebenso muss, wie ein endlicher Zeitraum beschränkt ist, etwas sein, was der Zeit nach unbeschränkt ist. Ferner gewahren wir bei allem Formwechsel der Dinge ihr eigentliches Wesen unverändert, was ebenfalls auf ein Absolutes, ewig Beharrendes führt. Das Bedingte dagegen sind die endlichen, dem Raum und der Zeit nach beschränkten Dinge. Der Urgrund des Bedingten, d. i. der Welt, ist das Absolute. Dieses über Raum und Zeit stehende Absolute fasst alle Wesen unter sich, weil alle von ihm ausgehen.

Die Vernunft ist, obgleich sinnlich nicht wahrnehmbar, eine Realität, die nach ihrer Wirkung also benannt wird.

Sie verschafft das Selbstbewusstsein, die Erkenntniss des Ich, was die physischen Kräfte nicht bewerkstelligen können, da sie innerhalb der materiellen Welt stehen und von ihren Gesetzen abhängig sind. Desshalb kann nur der Mensch das Ich anwenden, indem er sich durch seine Vernunft von dem Nichtich zu unterscheiden vermag. Die Vernunft in ihrer höchsten Potenz ist das selbständig über der Welt stehende Absolute, Unbedingte, ist der Gott nach jüdischer Lehre.[1]

Während der Pantheismus Geist und Materie immanent erklärt, die Vernunft also, das Absolute, in der Natur und nicht über ihr stehen soll, hält die jüdische Lehre die Materie vom Absoluten nur beeinflusst, ohne dass sich dieses mit ihr völlig verbinde und etwa durch eine Einheit sie involvire.

Die Bibel beginnt mit der Kosmogonie, um von dem Dasein eines geistigen Schöpfers auszugehen. Dieser hat die Welt in bestimmten Zeitfolgen entstehen lassen, also nach einem bestimmten Plane der Zweckmässigkeit. Alles Materielle ist der Möglichkeit, der Veränderung unterworfen und nur das Immaterielle, wiewohl sein Wirken im Materiellen wahrgenommen wird, ist nicht immanent, sondern transscendent; ist Grund aller Dinge, demgemäss frei, bestimmend und im Wechsel in seiner Einheit beharrend. Dieses Immaterielle, den jüdischen Gottesbegriff gebend, ist auch von der Zeit unabhängig; denn wäre es von der Zeit bedingt, so enthielte es Mögliches, was aber nur auf das der Möglichkeit Unterworfene bezogen werden kann.[2]

Das Wesen also, das nothwendig und nicht möglich da ist, das keine Ursache hat, sondern selbst Ursache ist, von

---

[1] Vergl. Maimonid. More Nebuch. II, 1.
[2] Vergl. Friedenthal, Jessode haddath. S. 54. Bresl. 1843.

dem alle Dinge abhängig sind, ist Gott. Eine Definition Gottes ist aber desshalb nicht möglich, weil die Definition aus dem Gegebenen und seiner Differenz gezogen wird. Da aber Gott nicht als gegebenes Object gedacht werden kann, weil er das einzig Gebende ist, so gibt es auch für ihn keine Differenz. Die materiellen Wesen bilden nicht zu Gott einen Gegensatz, sondern sie sind seine Geschöpfe.

Einheit, Unkörperlichkeit, Unendlichkeit sind also die Unterscheidungsmerkmale für Gott.

Gäbe es mehr als einen, so enthielte jeder zwei Eigenthümlichkeiten, erstlich die Nothwendigkeit des Daseins und die Unterscheidung von einander; er hätte somit Bestandtheile, die Ursache seines Seins wäre eine Zusammensetzung und er nicht nothwendig von selbst da. Ferner besteht jeder Körper aus Materie und Form, seine Bildung hat in der Zusammensetzung die Ursache. Ist auch der Körper an und für sich Eins und könnte somit Gott körperlich und doch als Eins betrachtet werden, so ist er jedoch endlich und hat seines Gleichen. Da endlich Gott die Ursache aller Dinge ist, so kann er nicht in der Zeit entstanden sein, sonst gäbe es etwas vor ihm und er wäre nicht der Urgrund des Alls. Wäre aber auch seine Existenz zugleich mit der Zeit ewig, so wäre er immerhin durch die Zeit bedingt und nicht von selbst nothwendig da. Nur zur Bestimmung der ewigen Existenz Gottes halten wir auch die Zeit für ewig. Wenn Gott nicht ewig wäre, so wäre sein Nichtsein eine Möglichkeit, und wessen Nichtsein möglich ist, der ist nicht von selbst nothwendig da.[1]

Die jüdische Lehre von Gott soll indess sich nicht auf die metaphysische Erkenntniss erstrecken; sie hat den Men-

---

[1] Vergl. Albo, Ikarim II, 6.

schen im Auge und sucht ihn zu Gott nur in eine praktische Beziehung zu bringen. Aber sie schliesst das Nachdenken über Gott nicht aus, das überlässt sie der Erkenntniss. Nur so viel als zu einer richtigen Auffassung des Menschen selbst und seiner Bestimmung nothwendig ist, deutet sie von Gott an. Aus der ganzen Anlage der offenbarten Religion ergibt sich mit zwingender Nothwendigkeit eine ausserweltliche, selbständige, rein geistige Existenz Gottes, die über die Sinnensphäre hinausgehend von vornherein die Grenze menschlichen Denkens zieht.

Insofern kommt die jüdische Lehre mit der philosophischen Doctrin Kant's überein. Auch er muss die Möglichkeit der Erkenntniss einer unsren Erfahrungskreis überschreitenden Welt negiren, und kann nur auf praktischer, der Menschennatur adäquater Grundlage eine Theologie aufbauen.

Anderseits kann auch die reinste Gottesidee erst aus der Praxis des sittlichen Lebens sich gestalten. Darum bemerkt Nahlowsky[1] mit Recht: „dass zur richtigen Construction der Gottesidee nicht blos höchste Macht und allumfassende Intelligenz, sondern zugleich Heiligkeit, d. h. die höchste Potenz sittlicher Vollendung gehört. Die volle Ausbildung der Gottesidee fordert also unausweislich die bereits erlangte' Kenntniss der sittlichen Ideen. Man muss ja offenbar erst wissen, worin das an sich Gute besteht, bevor man Gott, als den obsolut (an und durch sich) Guten zu kennzeichnen unternimmt."

Aber es muss noch hinzugefügt werden, dass die Gottesidee überhaupt nicht durch sittliche Begriffe gewonnen wird. Durch diese wird sie nur reiner und geistiger gefasst. Die

---

[1] Allgemeine praktische Philosophie (Ethik) S. 33. Leipz. 1871

Gottesidee selbst ist der Menschennatur immanent, ist ihre erste, ursprüngliche Anlage. „*Est deus in nobis agitante calescimus illo.*"[1]

Die jüdische Lehre nun kann und will uns auch keine absolute Erkenntnisslehre von Gottes Wesen geben, sondern uns nur die Aussicht auf seine Existenzart eröffnen und diese Offenbarung „zielt zunächst nicht auf Belehrung über die Dinge der himmlischen Welt hin, sondern auf das Heil, auf die wirkliche Verbindung des Volkes Israel mit dem offenbarten geistigen, persönlichen Gott."[2]

Um nun dieses Verhältniss zwischen Gott und dem Menschen aufzustellen, sind die wichtigsten Voraussetzungen nothwendig: Gott ist ein rein geistiges, ewiges Wesen, das nicht aus sich, sondern durch sich die Welt erschaffen hat.

So wird in der jüdischen Lehre von Gott nicht blos sein Verhältniss zur physischen, sondern namentlich zur sittlichen Welt gezeigt und ersteres nur insofern angedeutet oder vorausgesetzt, als es zur klaren Erfassung des göttlichen Waltens in letzterer nothwendig erscheint.

Einheit, Unkörperlickeit, Unendlichkeit geben uns so zu sagen die Eigenschaften Gottes an sich; diese deuten die Unterscheidung von allem Bestehenden an. In seinem Verhältniss zur Welt und zum Menschen müssen wir ihn aber noch als das allervollkommenste Wesen betrachten und als solches ihm Allweisheit, Allmacht, Allgegenwart, Allwissenheit, Allliebe zuschreiben.[3]

---

[1] Ov. Fast. 6, 6.
[2] S. Schultz, alttestamentliche Theologie. Bd. I. S. 264. Frankfurt a/M. 1869.
[3] Vergl. Pfleiderer, a. a. O. Bd. I. S. 279-292. — Philippson, Isr. Religionslehre. 2. Abth. S. 26 ff. Leipz. 1862. — Schultz, a. a. O. Bd. I. S. 259—330; Bd. II. S. 83—129 und 296—299.

Diese Offenbarung, eine für die Entwickelung der Menschheit nothwendige Erscheinung führte den Menschen zu directer Verbindung mit Gott.

So lange wir einen sittlich guten Wandel ohne Beziehung auf Gott beobachten, können wir nur von einer Moral im praktisch-philosophischen Sinne sprechen. Diese Moral jedoch, die nicht in der Religion ihre Wurzel hat, kann leicht ausarten und von Begierde und Eigennutz erschüttert werden. Wo wir das sittlich-gute Leben auf Gott richten, da erst beginnt die Herrschaft der Religion.

Fahren wir nun in der Entwickelungsgeschichte der Religion und Philosophie fort.

Die Entdeckungen und Erfindungen des 15. Jahrhunderts führen eine neue Zeit herbei. Alles Mystische, Allegorische, Phantastische verwandelt sich in rein menschliche, psychologische Motive; das Mittelalter kreisst und gebiert sterbend die Zeit des freien Menschenthums.

Nach einigen, den Boden selbstständiger Forschung bearbeitenden Vorkämpfern erscheint Francis Baco als Vertreter des Empirismus in seinem *novum organon scientiarum*. Er beschränkt sich nur auf die Erfahrung und selbsterlangte Naturkenntniss, denn die Induction führt nach ihm allein zum Wissen. Dieser Richtung gehören auch Hobbes und später Locke an. Nach Letzterem gibt es keine angeborenen Ideen und die Seele ist eine *tabula rasa*, worauf die Erfahrung Empfindungen und Reflexionen schreibt. *Nihil est in intellectu, quod non fuerit in sensu.*

Doch wie die Griechen mit ihren rein auf Erfahrung beruhenden Forschungen nicht auskommen konnten, so musste auch hier bald der Dogmatismus entstehen, der durch das Denken über den Kreis der Erfahrung hinausgeht.

Cartesius verweist durch sein *cogito, ergo sum* den menschlichen Geist auf sich allein. In der Vorstellung von Gott finde man eine solche Unermesslichkeit, dass diese nur von einem Gegenstande herrühren könne, welcher wirklich alle Vollkommenheiten in sich vereinigt, d. h. von dem wirklich daseienden Gott.[1] *Mens* und *corpus* existiren als heterogene Substanzen neben einander. Wiewohl zwischen Beiden eine *unitas compositionis* stattfindet, so existirt zwischen Beiden dennoch keine *unitas naturae*. Die Seele hat keine vegetativen Functionen, sondern *spiritus vitales* und der Körper keine inneren Functionen. Wie nun eine Wechselbeziehung zwischen Körper und Seele stattfinden soll, das löst erst der Occasionalismus des Geulinx, wonach bei der körperlichen Function Gott in der Seele eine Vorstellung bewirkt und wieder, wo der Wille thätig ist, der Körper ihm gleichzeitig folgt.

Spinoza setzte für den Cartesianischen Dualismus den Monismus, und indem er den absoluten Unterschied zwischen Geist und Körper abstract aufhob, begründete er den Pantheismus. Nach ihm gibt es nur eine absolute Substanz, Gott, worüber er sagt:[2] *Per substantiam intelligo id, quod in se est et per se concipitur; hoc est id, cujus conceptus non indiget conceptu alterius rei, a quo formari debeat.* Unendliche Attribute dieser Einen Substanz, aber nicht Substanzen, sind *cogitatio* und *extensio*. Die wechselnden Gestalten sind nur Scheinsubstanzen, Modi jener Attribute. Nicht bloss die Attribute, sondern auch alle Modi als Affectionen

---

[1] Princ. philos. I, 18.
[2] Ethic. ord. geometr. demonstr. I. def. 3.

der Substanz ruhen in Gott. *Quidquid est, in deo est et nihil sine deo esse neque concipi potest.*[1] Gott ist die allen Dingen innewohnende Ursache. *Deus est omnium rerum causa immanens, non vero transiens.*[2] Leibnitz wendet sich wieder der Theologie zu und sucht sie nach den errungenen wissenschaftlichen Erfolgen mit der Philosophie zu versöhnen. Den Empirismus Locke's und den Spiritualismus Cartesiu's combinirend, stellt er in seiner Monadologie[3] eine Stufenreihe von Wesen auf. Monade ist eine Fulguration der Gottheit, jede nicht ausgedehnte Existenz; sie ist die jeder einzelnen Bildung in der Natur innewohnende Kraft sowohl im Stein, in der Pflanze, wie im Thiere und im Menschen. Gott ist die Urmonade[4]. Die Pflanzen und Mineralien sind schlafende Monaden mit unbewusster Vorstellung. Als einfache Wesen können sie nicht durch mechanische Vorgänge entstanden sein, sondern durch Gott; denn was wir „entstehen" heissen, ist Entwickelung vorhandener, vielleicht unsichtbarer Keime zu sichtbaren Bildungen. Wenn nun auch diese Monadenlehre den Gegensatz von Geist und Materie aufhebt, so gewinnt doch die Lehre von der vorherbestimmten Harmonie (*harmonia praestabilita*) nur unter Voraussetzung eines solchen Gegensatzes Bedeutung. Nach dieser ist der Geist wie der Körper von Urbeginn so eingerichtet, dass während jeder seiner Natur gemäss selbstthätig ist, deren Functionen so zusammenstimmen, als ob die einen Folge der anderen wären. Aus dem Gesetze der prästabilirten Harmonie leitet Leibnitz in

---

[1] Propos. 15.
[2] Propos. 18.
[3] Syst. nouv. 17. Erdmann's Ausg. S. 128 ff.
[4] Monadol. 47. Erdmann's Ausg. 708.

seiner Theodicee das Wechselverhältniss zwischen Seele und Leib ab. Die ganze Welt, die bestmöglichste unter allen existiren-könnenden ist ein vom Schöpfer mit innewohnenden Gesetzen für alle Ewigkeit eingerichtetes Kunstwerk. Durch den Skepticismus Hume's angeregt, trat Immanuel Kant mit seinem Kriticismus auf.

Die Neuzeit führt uns die Kämpfe der überlieferten religiösen Begriffe mit den Resultaten der Naturforschung und Philosophie vor und zeigt das Bestreben, beide zu versöhnen. Der Empirismus wollte die Religion aus der Philosophie streichen, der Dogmatismus dagegen die religiösen Grundbegriffe mit den Ergebnissen der Forschung vereinigen bis der Skepticismus die Möglichkeit einer Vereinigung überhaupt bestritt. Da sollte der Kriticismus die den Erfahrungskreis überschreitende Erkenntniss prüfen.

Kant zeigt die Discordanz zwischen Subject und Object, zwischen Sein und Denken. In der „Kritik der reinen Vernunft" wird die Beschränktheit des menschlichen Denkens schliesslich erkannt. Was wir in der Natur erkannt haben, sind nur Reflexe unseres eigenen Geistes. Dieser aber, an die Anschauungen von Raum und Zeit geknüpft, ist an eine Reihe a priorischer Gesetze, Kategorien, festgebannt, die er nicht verlassen und innerhalb welcher er allein die Welt und sich selbst erkennen kann. Raum und Zeit und Kategorieen sind keine Realitäten, wir nun übertragen sie auf die Dinge. Alle Erfahrungsobjecte richten sich nach unsren Erkenntnissformen, die wir in uns selbst erzeugen. Aber diese so gewonnene Erkenntniss zeigt uns niemals die „Dinge an sich", da sie nur unsere Vorstellungen sind. Wir vermögen nur die empirischen Objecte, die unsere Erkenntnissformen annehmen, zu erkennen. Darum gründet Kant in der „Kritik der praktischen Vernunft" auf das moralische Bewusstsein die „Postulate der reinen praktischen Vernunft", 1) die Freiheit: Du kannst, denn Du sollst; 2) die Unsterblichkeit, da nur im Unendlichen unser Streben sich dem Sittengesetz annähert, und zwar aus dem Widerstreit zwischen der moralischen Anforderung an den Menschen und seinem moralischen Vermögen; 3) das Dasein Gottes, da Gott es ist, der die vom moralischen Bewusstsein geforderte Harmonie zwischen der Tugend (*supremum bonum*) und der Glückseligkeit, in deren Uebereinstimmung das *bonum perfectissimum* liegt, bewirkt. Gott, das Ideal der reinen Vernuft, ist gar nichts, als die Form des disjunctiven Schlusses in abstracto, der logische Begriff der absoluten Vollständigkeit und Vollkommenheit eines Ganzen. Gegen den ontologischen Beweis für das Dasein Gottes führt Kant den sogenannten moralischen Beweis, da zu den Prädicaten der Vollkommenheit nicht durchaus reale Existenz gehöre.

Von Kant ausgehend mit dem Ziele, die Scheidewand zwischen Sein und Denken aufzuheben, setzt Fichte das Ich als die einzige Substanz, die Welt als den Reflex der denkenden Thätigkeit. Alle Erkenntniss erfolgt nach ihm durch

1) die Thesis (absolutes Ich) das Ich setzt sich selbst;
2) die Antithesis (Welt) das Ich setzt das Nichtich;
3) die Synthesis (empirisches Ich, die einzelnen Dinge) das Ich setzt sich selbst als bestimmt oder beschränkt durch das Nichtich.

Die moralische Weltordnung ist der Ausgangspunkt seiner Religion [1]). „Die lebendige und wirkende moralische Ordnung ist selbst Gott; wir bedürfen keines andern Gottes

---

[1] Ueber den Grund unseres Glaubens an eine göttliche Weltregierung.

und können keinen anderen fassen. Es liegt kein Grund in der Vernunft, aus jener moralischen Weltordnung herauszugehen und vermittelst eines Schlusses vom Begründeten auf den Grund noch ein besonderes Wesen als die Ursache desselben anzunehmen."

Diesen subjectiven Idealismus Fichtes gestaltete Schelling zu einem objectiven Idealismus um, indem er das menschliche Ich zum Weltich erhob.

Die ursprüngliche Indifferenz im Absoluten scheidet sich in Geist und Natur. Von der Natur muss man auf das Intelligente kommen. Die bewusstlosen Produkte der Natur sind eine unreife Intelligenz. Erst im Menschen, in der Vernunft, kehrt die Natur in sich selbst zurück, wie ursprünglich die Natur und die Intelligenz im Menschen identisch war.

In der Identitätslehre hebt Schelling alle Gegensätze auf. „Die höchste Macht oder der wahre Gott ist der, ausser welchem nicht die Natur ist, sowie die wahre Natur die, ausser der nicht Gott ist." „Es ist nur Eins, Gott oder das All; unser Denken, unser Sein ist nicht unser, sondern Gottes oder des Alls." „Gott und All sind völlig gleiche Ideen und Gott ist unmittelbar, kraft seiner Idee, die unendliche Position von sich selbst zu sein, absolutes All. Da Gott nicht ein von dieser Selbstbejahung verschiedenes Wesen, sondern eben durch sein Wesen die unendliche Bejahung seiner selbst ist, so ist das All nicht ein von Gott Verschiedenes, sondern selbst Gott. Das gottgleichende All ist nicht allein das ausgesprochene Wort Gottes, sondern selbst das sprechende, nicht das erschaffene, sondern das selbst schaffende und sich selbst offenbarende auf unendliche Weise." Nach der Lehre von der Involution und Evolution war Alles ursprünglich eingehüllt und hat sich später entfaltet; daher die Gegensätze von *implicite* und *explicite*, *potentia* und *actu*. Der erste Anfang zur Schöpfung ist die Sehnsucht des Einen, sich selbst zu gebären oder der Wille des Grundes.

Hegel schuf das System des absoluten Idealismus, nach welchem die Dinge nicht in sich, sondern in der göttlichen Idee ihren Grund haben. Das Absolute ist ideell oder denkend. Dieses entäussert sich in die Natur, und aus dieser Entäusserung kehrt es im menschlichen Geiste zu sich zurück. „Gott ist die Bewegung des Subjects (des Geistes) von sich aus auf sich zurück".[1] „Die Idee kann als die Vernunft, ferner als das Subject-Object, als die Einheit des Ideellen und Reellen, des Endlichen und Unendlichen, der Seele und des Leibes, als die Möglichkeit, die ihre Wirklichkeit an ihr selbst hat, als das, dessen Natur nur als existirend begriffen werden kann, gefasst werden, weil in ihr alle Verhältnisse des Verstandes, aber in ihrer unendlichen Rückkehr und Identität in sich enthalten sind". Der absolute Geist erscheint in der objectiven Form der Anschauung als Kunst, in der subjectiven Form des Gefühls als Religion, in der subjectiv-objectiven Form des reinen Denkens als Philosophie. Die Philosophie ist die sich selbst begreifende Vernunft, der denkend erkannte Begriff der Religion und Kunst.

Hegel's absolute Philosophie soll gewissermassen den Abschluss aller vorangegangenen Systeme bilden, über die hinaus kein anderer Weg eingeschlagen werden kann. Gott bleibt auch bei ihm nur ein allgemeines Prinzip bezeichnender, und die Religion kann seine Weltauffassung nicht unbedingt acceptiren.

---

[1] Heg. Werke. T. XII. S. 13. Berl. 1832.

Nach dieser übersichtlichen Darstellung der philosophischen Gottes- und Welterkenntniss erfahren wir, wie die Philosophie nicht als Rivalin der Religion gelten kann; sie bildet nicht zur Religion einen Gegensatz, sondern ist ihre nothwendige, wenn auch nur relative Ergänzung.[1] Der Geist erkennt durch die Sinne das objectiv Fassbare, das Gemüth das ihm offenbarte Uebersinnliche. Dieses, in Klarheit gefasst, ist aber durchaus nicht wider die Vernunft, sondern geht nur über sie hinaus. Diese unmittelbare Offenbarung im Gemüthe ist die Religion.

Jede Zeit hat ihren eigenthümlichen Geist und dieser eigenthümliche Geist sein Ideal, nach dem hin, bewusst oder unbewusst, alle Bestrebungen sich wenden. Wie in der alten Welt das Natur- und religiöse Ideal gleichzeitig sich ausbildeten, so gelangte im Mittelalter das religiöse Ideal zur alleinigen Herrschaft, wenn auch in unklaren Symptomen, und die Neuzeit hat das menschlich-religiöse Ideal geschaffen.

Schleiermacher, der Vermittlungstheolog von philosophischem Geiste durchdrungen, hält die Religion als auf dem Herzen gegründet. Er will deshalb eine Weltreligion nicht kennen, weil die Religion von dem subjectiven Gefühle abhängt. Nur die Art, wie dem Menschen die Gottheit im Gefühl gegenwärtig ist, entscheidet über den Werth seiner Religion, nicht die Art, wie er diese immer unzulänglich in dem Begriffe abbildet. „Die Religion", sagt er, ist das unmittelbare Bewusstsein der Einheit von Vernunft und Natur, des allgemeinen Seins alles Endlichen im Unendlichen und durch das Unendliche, alles Zeitlichen im Ewigen und durch das Ewige".

---

[1] Vgl. J. B. Meyer, Philosophische Zeitfragen. Bonn 1870. Cap. 1. 11.

Daraus, dass wir die Philosophie als eine Ergänzung der Religion betrachten, ergibt sich für uns, dass letztere wohl allgemeine, der Vernunft nicht widersprechende Begriffe von einer transscendenten Welt aus dem psychischen Leben des Menschen aufstellen, nimmermehr aber diese wissenschaftlich zu beweisen vermag. Andererseits kann auch die Philosophie, indem ihr der eigentliche Boden für die metaphysische Erkenntniss entzogen ist, nur auf die empirische Welt beschränkt bleiben, will sie auf keine Abwege gerathen.

Die Religion kann nicht von der Aussenwelt ausgehen, sondern nur im Innern des Menschen das Fundament ihres Gebäudes finden; denn Gott wird in der Natur zwar in seinen Wirkungen bemerkt, in der Seele jedoch empfunden. Und Religion verlangt vor allen Dingen die seelische Gemeinschaft. Wie nun der Mensch sich einerseits in voller Abhängigkeit von der Aussenwelt weiss, in seinem Innern jedoch völlige Freiheit verspürt; wie er sich zugleich als Endliches sieht und dennoch als ein Ewiges denken muss, so erstrebt die Religion eine solche Einheit zu erzeugen, vermöge welcher der Mensch, nachdem er Endliches willig abstreift und seine Abhängigkeit erkennt, mit Gott sich Eins fühlt und dadurch zu einem freien, ewigen und durch Beides zu einem vollkommenen Wesen wird.[1] Aehnlich sagt auch Wirth[2]: Das uranfängliche Gefühl, welches die Quelle und Grundform aller Religion ist, ist das Gefühl der Unendlichkeit. Die beiden Factoren des menschlichen Ich,

---

[1] Ueber das Abhängigkeitsgefühl s. Flügel a. a. O. S. 145 ff.
[2] Die spekulative Idee Gottes. Stuttgart 1845. S. 2. — Vergl. Steinthal, Mythos und Religion. Berlin 1870. — Pfleiderer, a. a. O. Bd. I. S. 71. 79. — Biedermann, ein Beitrag über die rationellen Grundbegriffe der Religion, in der Zeitschr. f. wissensch. Theolog. 1. Heft. S. 7 ff. Leipz. 1861.

seine Unendlichkeit und Endlichkeit entwickelt sich in ihm unter der Form des Gesetzes und Widerstreits, bis sie endlich in der absoluten Henade, in Gott, die Lösung ihres Zwiespalts finden und der Mensch darin zum unendlich beseligenden Gefühle seiner Harmonie gelangt." Und diese Harmonie ist seine höchste Freiheit, denn er verstand die Nothwendigkeit zu überwinden und in Gott, im Unendlichen und Ewigen die Versöhnung seiner widerstreitenden Triebe zu feiern.

Aber nicht blos die Thätigkeit des Menschen wirkt in diesem Prozesse — auch Gott tritt zu ihm in active Beziehung, erstlich unmittelbar durch das dem Menschen innewohnende Gottbewusstsein, dann mittelbar durch den ihm offenbarten Willen. In der positiven Religion waltet nun eine solche Wechselwirkung zwischen Gott und dem Menschen, und diese schafft den eigenthümlichen Ausdruck der Gottesverehrung.

Fassen wir noch einmal den Gang der Religion und Philosophie kurz in's Auge.

Zuerst ging der Mensch von seinem Ich aus und, sich in Beziehung zu der Welt setzend, schloss er von sich und der Welt auf Gott. Hier entstanden die Naturreligionen, der Polytheismus und Pantheismus, der endlich im Materialismus die Fahne der Selbstvergötterung aufpflanzte. Oder der Mensch setzte Gott voraus und schloss von Gott auf die Welt als sein Werk. Hier haben wir die Religion des Judenthums, Christenthums und Islams.

Die erstere Auffassung kann ein Verhältniss von Geist und Materie nur so herstellen, wonach das ursächliche Prinzip nicht anders als immanent gedacht wird und Geist und Materie zugleich ewig sind.

So sehen wir die Religionen des Alterthums, die Philosophie des Spinoza, Schelling und Hegel zu Erfolgen kommen, die immer wieder auf den Anfang weisen. In der letzten Auffassung dagegen findet die Schöpfung in Gott ihren Grund. Diese religiöse Bestimmung bleibt ewig dieselbe und von den Verirrungen der Speculationen befreit.

Zum Gemüthe spricht der absolute, allgemeine Geist unmittelbar, und so kann es die ganze Objectivität in sich aufnehmen. Der Geist hat den Zweck zu erkennen. Das vermag er nur rücksichtlich der einzelnen Kräfte auf einander. Aber den Zweck des Allgemeinen, die Welt, wird er nicht ergründen, weil dieser nur dem allgemeinsten Geiste und nicht einem Theile der Schöpfung offenbar sein kann. Die Religion, als die Sprache des allgemeinsten Geistes zum Gemüthe erzeugt in ihren Consequenzen keine auf Eudämonismus abzielenden Gesetze; darum kann auch nicht, wie Feuerbach will, der vom Ich ausgeht und von der Natur auf Gott kommt, der Glückseligkeitstrieb des Menschen der Impuls der Religion sein. Der Egoismus schwindet gegenüber der hohen Anerkennung des absoluten Geistes. Seinen Forderungen beugt sich der Mensch, und in der Aufnahme der Gottheit in seinen Willen findet er sein menschliches Streben bestimmt. Vollkommen zu sein, wie Gott vollkommen ist, heilig zu sein, wie Gott heilig ist: das sind zu erhabene Gebote an die Menschennatur, als dass der Egoismus die geistige Welt unter seine Füsse bannen könnte.

Obwohl der Menschennatur die Idee von Gott angeboren ist, so kann dieselbe dennoch, wenn sie nur innerhalb des menschlichen Erkenntniss- und Gefühlskreises verharrt, leicht auf Irrwege gerathen. Deshalb muss die Religion ihre Grundlage in Gott hineintragen, nicht blos in den Menschen.

Durch die ihm innewohnende Gottesidee hat er nur die Kraft, eine Religion, die in Gott basirt, zu erfassen.[1] Indem er diese annimmt und alles Irdische ihr unterordnet, streift er nach und nach allen Egoismus ab. So gestaltet sich ihm eine Religion, die über alle egoistischen, unlautern Motive hinaushebt und als das höchste Ziel der Religion die Annäherung und freie Anerkennung des rein geistigen, einigen, ewigen Gottes aufstellt. Und das ist das Ziel der jüdischen Religion!

---

[1] Vergl. Flügel a. a. O. S. 136.

II. Von der Seele.

אָכֵן רוּחַ הִיא בֶאֱנוֹשׁ וְנִשְׁמַת שַׁדַּי תְּבִינֵם.
Jjob 32, 8.

Wie wir im ersten Abschnitte gesehen haben, hat der Menschengeist in dem Streben nach der Erkenntniss des Alls zwei Wege eingeschlagen. Auf dem einen war der Mensch und die Welt selbst der Ausgangspunkt und als objective Bestimmungsgrenze war das Urprinzip des Alls gesetzt; auf dem andern Wege abstrahirte der Mensch aus der Welt der Wirkungen das ursächliche Prinzip und ging von Gott aus, als dem Schöpfer der Welt. Die erstere Art gibt uns die menschliche Idee, die letzte die Gottesidee.[1]

A. Auf dem ersten Wege hatte man nur ein harmonisches Lebensverhältniss zwischen Geist und Materie bestimmen können und ihr ursächliches Verhältniss ineinander geleitet;

B. Auf dem anderen fand man zwar in Gott den Erklärungsgrund der Welt, setzte aber die Materie als von ihm nur geformt und als ewig neben ihm bestehend.

C. Da wurde dem Menschengeschlechte durch das Volk Israel eine Offenbarung, die eine Lösung eröffnete, welche die Religion annehmen sollte.

---

[1] Vergl. Kaufmann, Entwickelung der Gottesidee. Düsseld. 1850.
— Philippson, Entwickelung der religiösen Idee. Leipz. 1847.

Zu *A.* Je nach den Begriffen von Geist und Materie, von Gott und der Welt mussten sich auch die Anschauungen über die menschliche Seele bilden, und so finden wir bei den Philosophen, die den Hylozoismus vertreten bis zum ausgebildeten Pantheismus, eine mehr oder weniger materialistische Auffassung der Seele. So bei den älteren jonischen Naturphilosophen, den Eleaten, den Stoikern, Epikureern und Skeptikern bis zu dem Pantheismus des Spinoza, Schelling und Hegel.

Feuerbach sagt[1]: „Die Schranke der Persönlichkeit ist die Natur; jedes Ding ausser mir ist ein Zeichen meiner Endlichkeit, ein Beweis, dass ich kein absolutes Wesen bin, dass ich an der Existenz anderer Wesen meine Grenze habe, dass ich folglich keine unsterbliche Person bin. Zum Wesen der Persönlichkeit des Menschen, der Persönlichkeit überhaupt gehört wesentlich räumliche oder zeitliche Bestimmtheit. Ja der Mensch ist nicht nur überhaupt ein räumliches, sondern auch ein wesentlich irdisches, von der Erde unabsonderliches Wesen. Wie thöricht daher, einem solchen Wesen ewige überirdische Existenz einräumen zu wollen.

Wo du erwachtest zum Licht, da wirst du einstens auch schlummern,
Nimmer entlässet die Erd' Einen aus ihrem Gebiet.

Die Persönlichkeit ist nicht nur eine leiblich oder sinnlich, sondern auch geistig bestimmte und begrenzte Persönlichkeit; der Mensch hat eine bestimmte Bestimmung, Stellung, Aufgabe in der grossen Gemeinde der Menschheit, in der Geschichte; aber eben damit verträgt sich auch nicht eine endlose Fortdauer. Er dauert nur in seinen Werken, in seinen Wirkungen fort, die er innerhalb seiner Sphäre,

---

[1] Das Wesen der Religion. Leipz. 1845.

seiner geschichtlichen Aufgabe hervorbrachte. Dies allein ist die sittliche, die ethische Unsterblichkeit. Das, was er mit Leidenschaft liebt und treibt, das ist die Seele des Menschen. Die Seele des Menschen ist so verschieden, so bestimmt als die Menschen selbst sind. Die Unsterblichkeit im alten Sinne des Wortes, jenes ewige, grenzenlose Sein, passt daher nur auf eine unbestimmte, vage Seele, die gar nicht in Wirklichkeit existirt, die nur eine menschliche Abstraction und Einbildung ist".

Schopenhauer spricht [1]: „Sich vorzustellen, die Geburt eines Thieres sei ein Entstehen aus Nichts und sein Tod wieder ein Verschwinden in Nichts, dagegen die Geburt des Menschen sei auch ein Entstehen aus Nichts, aber sein Tod sei ewige Fortdauer, das sei denn doch wohl etwas, wogegen der gesunde Sinn sich empöre, was er für absurd erklären müsse."

Endlich erkennt der heutige Materialismus [2] in den Seelenthätigkeiten Functionen des Gehirns als des materiellen Substrats. Die Physiologie erklärt sich bestimmt und kategorisch gegen eine individuelle Unsterblichkeit, wie über-

---

[1] Die Welt als Wille und Vorstellung. Bd. II. S. 543. Leipz. 1844.
[2] S. Wagner, über Menschenschöpfung und Seelensubstanz. Gött. 1854. — Büchner, Kraft und Stoff. Leipz. 1867. — Moleschott, der Kreislauf des Lebens. Mainz 1852. — Czolbe, Neue Darstellung des Sensualismus. Leipz. 1855. — Ders., die Grenzen und der Ursprung der menschlichen Erkenntniss im Gegensatze zu Kant und Hegel. Jena u. Leipz. 1865. — Haeckel, natürliche Schöpfungsgeschichte. Berl. 1870. — Vergl. Froschhammer, Menschenseele und Physiologie. Münch. 1855. — Fischer, die Unwahrheit des Sensualismus und Materialismus. Erlangen 1853. — Ulrici, Gott und die Natur. Gott und der Mensch. Leipz. 1865/66. — Snell, die Schöpfung des Menschen. Leipz. 1863. — J. B. Meyer, zum Streit über Leib und Seele. Hamb. 1856. — Ders., Philosoph. Zeitfragen. — Bonn 1870.

haupt gegen alle Vorstellungen, welche sich an diejenige der speziellen Existenz einer „Seele" anschliessen."
So kommt es, dass eine „Zufriedenheit mit der Einen, natürlichen, alles Wahre, Gute und Schöne umfassenden Welt" empfohlen wird.

Zu B. Plato geht ganz von Gott aus,[1] dessen Existenz er aus der weisen Schöpfung erkennt; denn nur das Ordnungsmässige ist Folge der Weisheit, das Regellose aber der frei waltenden Materie.[2] Die Seele, ein Abbild Gottes, ist früher als der Leib[3] und dauert in einem jenseitigen Leben ewig fort[4].

Dem Aristoteles ist Gott das πρῶτον κινοῦν ἀκίνητον und τὸ τὶ ἦν εἶναι οὐκ ἔχει ὕλην, τὸ πρῶτον ἐντελέχεια γάρ. Gott ist das Urprinzip aller Entwickelung;[5] der νοῦς ist das Denken des Denkens seiner selbst: αὐτὸν ἄρα νοεῖ, εἴπερ ἐστὶ τὸ κράτιστον καί ἐστιν ἡ νόησις νοήσεως νόησις.[6]

Die menschliche Denkkraft ist eine vom Körperlichen abgesonderte und von aussen in den Menschen gelangende: λείπεται τὸν νοῦν μόνον θύραθεν ἐπεισιέναι καὶ θεῖον εἶναι μόνον.[7]

Leibnitz lässt in seiner Monadologie die Seele als einfaches Wesen nicht durch mechanische Vorgänge entstanden sein, sondern durch Gott; sie kann auch als einfache Substanz nicht vernichtet werden. *„Tout esprit"*, sagt er, *„étant comme un monde à part, suffisant à lui-même, indépendant de toute autre créature, enveloppant l'infini, exprimant l'uni-*

---

[1] De legg. IV, 715.
[2] Tim. 28 ff.
[3] Tim. 34 ff. De legg. X, 896.
[4] Phaedr. 245. De legg. XII, 966. Phaed. 62—106.
[5] Metaphys. VIII, 6. XI, 7. XII, 6 ff.
[6] Ebendas. IX, 9.
[7] De generat. animal. II, 3.

vers et aussi durable, aussi substitant et aussi absolu que l'univers même des créatures.¹"

Zu C. Israels Lehre geht ganz von Gott aus, als dem ewigen Sein². Er allein ist ein rein geistiges Wesen; nur in seiner Schöpfung, die er aus Nichts hervorbrachte,³ ist der Dualismus von Geist und Materie. Zur Natur steht Gott durch die in dieselbe hineingelegten Naturgesetze mittelbar, zum Menschen aber durch den ihm ertheilten Gott ebenbildlichen Geist unmittelbar in Beziehung. Ihn allein bildete Gott selbst, indem er ihm einen lebendigen Odem einhauchte⁵ und schuf ihn dadurch nach seinem Ebenbilde. Diesem Geiste wird volle Freiheit und Selbstbestimmung zugestanden⁶, wie andererseits dem Körper, als dem Schöpfer der Begierde, der Hang zur Sünde zuerkannt wird,⁷ aber dieser Geist hat die Fähigkeit, sie vollends zu beherrschen.⁸

Von dieser in der Bibel der Seele vindicirten selbstständigen Existenz und der ihr zuerkannten Freiheit ausgehend haben wir nach drei Beziehungen hin von der Seele zu sprechen:

1) vom Begriffe der Seele;
2) von ihrer Bestimmung und ihrem Ziele auf der Erde;
3) von der Fortdauer der Seele nach der Trennung vom Leibe.

---

[1] Système nouveau de la nature et de la communication des substances. Herausgeg. von Erdmann. S. 128. Berl. 1840.
[2] II. Buch Mos. 3, 14. Ps. 90, 2; 102, 25—28.
[3] S. Maimonides, Mor. Neb. I, 63. — Albo, Ikkar. II, 27. — Reusch, Bibel und Natur. S. 75. Freib. i. Br. 1870.
[4] I. Buch Mos. 1, 1. Ps. 121, 2. Jjob 26, 5 ff. (13).
[5] I. Buch Mos. 1, 27; 2, 7; 5, 1.
[6] I. Buch Mos. II, 16. 17. V. Buch Mos. 11, 26 ff. 30, 15. 19.
[7] I. Buch Mos. 4, 7; 6, 5; 8, 21.
[8] S. ebendas.

1. Vom Begriffe der Seele.

Die Bibel ertheilt der Seele selbstständige Existenz;[1] sie ist nicht ein Theil Gottes, sondern von Gott in seinem Ebenbilde geschaffen, und als geschaffenes göttliches Wesen heisst sie ein „Licht Gottes."[2] „Wie Gott das All erfüllt, so erfüllt auch die Seele den ganzen Körper. Wie Gott sieht, ohne gesehen zu werden, so die Seele. Wie Gott das All ernährt, so ernährt die Seele den ganzen Körper. Wie Gott rein ist, so ist die Seele rein. Wie Gott im Verborgenen thront, so auch die Seele.[3]"

Nur durch diesen göttlichen Theil, der sich in der Physiognomie ausprägt, erhebt sich der Mensch über die ganze Schöpfung, und das Thier wagt sich nur an denjenigen Menschen, der dieses göttliche Wesen unterdrückt und zum thierischen Wesen herabgesunken ist.[4]

נפש,[5] ψυχή, anima,[6] ist die Lebenskraft, das auch den Thieren zukommende Lebensprinzip, welches im Blute seinen Sitz hat.[7]

---

[1] I. Buch Mos. 2, 7. Jerem. 38, 16; Am. 4, 13; Pred. 12, 7 u. a. O.
[2] Spr. 20, 27. Sabb. 30. b. 60 b. Vergl. Tim. 54.
[3] Berach. 10. a.
[4] Sabb. 151. b.
[5] S. darüber und deren Synonyma: Carus, Psychologie der Hebräer. Leipz. 1809. S. 36 ff. — Flügge, Geschichte des Glaubens an Unsterblichkeit u. s. w. Abschn. II. S. 27—42. — Brecher, das Transscendentale im Talmud. Wien 1850. S. 3, 4, 66 ff. — Delitzsch, System der bibl. Psychologie. 1861. — Schultz, a. a. O. Bd. I. S. 349 ff. — Hamburger, a. a. O. die betreffenden Artikel. — Fürst u. Gesenius, hebr. Wörterbuch.
[6] Bei den Griechen und Römern finden wir neben andern Vorstellungen von der Seele auch die, dass sie ein Hauch sei, welche Anschauung die Ursache dieser sprachlichen Ausdrücke geworden ist.
[7] I. Buch Mos. 9, 4. 5. III, 17, 11. 14. V, 12, 23. — Vergl. Arist. de anim. I, 2.

רוח, Geist, bezeichnet den Naturtrieb, den Instinkt, den göttlichen Willen in dem lebenden Wesen. Vermöge dessen äussern sich die Eigenschaften der Thiere und Menschen. Im Menschen aber gestaltet sich dieser Instinkt zu einer höhern Potenz, zu dem Verstande.

נשמה, Seele, die Vernunft, dem Menschen allein eigen. Während die Kräfte von נפש und רוח an den Körper gebannt sind, kann sich die נשמה dessen entäussern und eine selbstbewusste Anschauung erlangen. Ihre Thätigkeit ist nicht Wirkung einer äussern Ursache, sondern sie regiert sich selbstständig und frei.

Im Gegensatz zu den übrigen Wesen ist ihr Hauptcharakter die Fähigkeit der Vervollkommnung, deren Ausbildung oft gerade den Forderungen der körperlichen Triebe entgegentritt und die in der der Seele allein eigenthümlichen Kraft des freien Willens wurzelt.

Das Buch Sohar vergleicht die Vereinigung obiger drei Kräfte mit dem Lichte. Die erste mit dem Dochte verbundene Flamme ist röthlich, auf ihr ruht eine weisse Flamme, auf der endlich eine noch feinere, unsichtbare sich erhebt. Alle drei erzeugen das Licht.

Nach diesen drei Kräften erscheint uns der Mensch. Der thierische Theil in ihm, נפש befriedigt die sinnlichen Forderungen, der zum Verstand erhobene Instinkt, רוח, befähigt ihn zum richtigen Handeln mit Vorsicht und Ueberlegung; endlich die Vernunft, נשמה, lässt ihn nach dem möglichsten Grad der Vollkommenheit streben.

Maimonides folgt dem Aristoteles. Nach diesem ist erst die Einheit von Stoff und Form eine Realität. Der Stoff ist die $\delta\acute{v}\nu\alpha\mu\iota\varsigma$, die Form die $\dot{\varepsilon}\nu\tau\varepsilon\lambda\acute{\varepsilon}\chi\varepsilon\iota\alpha$. Ein blosser Stoff existirt nur in der Abstraction, dagegen existirt ein stoffloses Formprinzip. Die Seele ist die $\dot{\varepsilon}\nu\tau\varepsilon\lambda\acute{\varepsilon}\chi\varepsilon\iota\alpha$ des Leibes: $\delta\iota\grave{o}$ $\psi\upsilon\chi\acute{\eta}$ $\varepsilon\sigma\tau\iota\nu$ $\dot{\varepsilon}\nu\tau\varepsilon\lambda\acute{\varepsilon}\chi\varepsilon\iota\alpha$ $\dot{\eta}$ $\pi\varrho\acute{\omega}\tau\eta$ $\sigma\acute{\omega}\mu\alpha\tau\sigma\varsigma$ $\varphi\upsilon\sigma\iota\kappa\sigma\tilde{\upsilon}$ $\delta\upsilon\nu\acute{\alpha}\mu\varepsilon\iota$

ζωὴν ἔχοντος.[1] Bei dieser Seele unterscheidet man die Pflanzenseele (τὸ θρεπτικὸν, anima vegetativa, נפש הצומחת) und die Thierseele (τὸ αἰσθητικόν, τὸ ὀρεκτικόν, τὸ κινητικὸν κατὰ τόπον, anima sensitiva, נפש החיונית).[2] Ohne diese beiden kann die ἐντελέχεια des Leibes nicht bestehen. Nun gibt es noch eine dritte Seele, den νοῦς, anima rationalis, נפש השכלית. Diese ist die eigentliche menschliche Seele,[3] im Gegensatz zu den beiden übrigen, mit dem Körper vergehenden, praeexistirend und unsterblich.[4]

Ausser Aristoteles war es noch Alexander der Aphrodisier, dem einige jüdische Philosophen folgten. Dieser hielt die Seele für eine blosse Anlage, Begriffe zu recipiren, welche Thätigkeit sie erst zum Wesen macht, um sich später mit dem *intellectus agens* (νοῦς ποιητικός) verbinden zu können.[5]

Maimonides[6] behauptet: Materie ohne Form existirt nicht, nur der Verstand abstrahirt diese. Die von der Materie getrennten Formen können, wie Gott, nur von der Vernunft gesehen werden. Die Seele eines jeden Geschöpfes ist seine Form. Die Vernunft, die nur dem Menschen zukommt, ist die menschliche Form, die nach dem Ebenbilde Gottes geschaffen. Sie besteht nicht aus Elementen, dass sie wieder in dieselben aufgelöst werden könnte. Mit dem Vergehen des Körpers bleibt nur die Form ewig bestehen.[7] Ver-

---

[1] De anim. II, 1.
[2] Vergl. Kusari V, 10. 12 übers. v. Cassel. Leipz. 1869.
[3] De anim. III, 8 ff. Vergl. Taam Sekenim VI. S. 47. Frankfurt a/M. 1854. Nischm. chaj. I, 1. § 6. S. 2. b. —, 4.
[4] De generat. animal. II, 3 und de anim. II, 1—6. III, 2. 3. 5.
[5] Vergl. Lotze, Microcosmus. Bd. I. S. 425. Leipz. 1856—1864.
[6] S. Scheyer, das psychologische System des Maimonides. Frankfurt 1845.
[7] Jessod. hat. IV, 7—9.

nünftige Seele, die Form des Menschen, heisst das Wesen, das vom Menschen nach dem Tode fortlebt.[1] Es ist diese Seele gleichsam die Materie, wie die Vernunft ihre Form; erlangte jene diese Form nicht, so wäre ihre Anlage, diese Form anzunehmen, umsonst dagewesen.[2]

Arama, sich an Alexanders Auffassung haltend,[3] die er eine volle Wahrheit nennt, fasst die Seele zuerst als eine Anlage auf, die erst durch die Uebung des Denkens und den tugendhaften Lebenswandel eine Realität wird.[4] In dieser Anlage liegt *implicite* die erst durch Ausbildung zur Wesenheit gelangende Seele.[5] Wenn diese Anlage sich entwickelt und ausbildet, strömt ein himmlischer Geist auf sie ein,[6] durch den sie zum ewigen Wesen wird.[7] Die erste Anlage jedoch war dieses noch nicht, ehe der göttliche Geist sich zu ihr gesellte, und mit dem Körper ver-

---

[1] Mor. Nebuch. I, 41. נפש המדברת כלומר צורת האדם והוא שם הדבר הנשאר מן האדם אחר המות. — Vergl. Alprabi, über das Wesen der Seele in Chemda Genusah S. 45 ff. Königsb. 1856.

[2] Acht Abschnitte in Sanhedr., הנפש האחת היא כחומר והשכל לה צורה וכשלא תגיע לה צורה ידי ' כאלו מציאית ההכנה שבה לקבל הצורה ההיא לבטלה etc.

[3] Ueber das Verhältniss des Maimonides zu Alexanders Auffassung ist in Nischm. Chaj. II, 1. ausführlich gehandelt. Gegen die Anschauungen des Arama s. daselbst II, 2. 3. 5.

[4] Aked. Jizch VI. S. 14. b. ואני הנני קורא אותה בשם כח מקבל התעצמות נבדל במעשה ועיון.

[5] כי זאת היא התחלה והכנה ושלמית ראשונה לקבל שלמיות אחרות בזה אחר זה עד שתושלם לגמרי.

[6] ויושפע על הכח ההוא אשר אמרנו רוח ממרום ואותה קרא המשפיע ההוא כבוד נברא או שכל הפעל או כמו שהרצה ואנחנו בשם ד' אלהנו נזכיר. — Vergl. Kusari V, 10.

[7] יתעצם הכח ההוא הראשון עם זה השפע האלה ' המחודש אליו התעצמות רב והוא הולך ומתחזק עד היותו עצם רוחני נבדל בלתי נפסד בהפסד הגוף כלל.

schwindet auch die unausgebildete Anlage.[1] Darin nur unterscheidet sich Arama von Alexander, dass, während dieser nur durch die Uebung des Denkens die Seele die Fähigkeit einer Unsterblichkeit erlangen lässt, ersterer noch ein dem göttlichen Gesetze gemässes Leben verlangt. Albo verwirft die Ansicht, dass die Seele nur durch das Erkennen vollkommen werde; er legt besonders auf das gottgefällige Handeln, wie es die göttliche Lehre vorschreibt, Gewicht. Denn, fährt er fort, hätte nach der Anschauung der Philosophen die Seele die Begriffe und Vorstellungen nicht aufgenommen, durch die sie erst die ewige Seligkeit soll geniessen können, so wäre sie nicht von der *potentia* zum *actus* fortgeschritten und wäre die erstere vergeblich dagewesen. Da der grösste Theil der Menschen auf diese Weise seine Bestimmung nicht erfüllt hätte, auch der Gottlose, der das Denken cultivirt, höher stände als der Tugendhafte, der keine Kenntnisse erworben, so müssen wir sagen: Die Seele, ein geistig selbstständiges Wesen, kann durch die Befolgung der göttlichen Vorschriften die ewige Seligkeit erlangen.[2]

---

[1] Ebendas.

[2] Jkkarim III, 3. 'תורת חשם תספיק להשיב אל מקום אשר הנפש הי
אהלה בתחלה. Aehnlich spricht Jerusalem (Betrachtungen über die vornehmsten Wahrheiten der Religion. Bd. I. S. 269. Braunschw. 1785): „Ich gebe zwar den Beweis von der besonderen geistigen Natur nicht auf, aber der eigentliche Grund meiner Hoffnung ist er nicht, denn meine Hoffnung ist eigentlich nicht, dass ich einen unsterblichen Geist habe, sondern dass ich unsterblich bin, und der Grund dieser Hoffnung ist eigentlich nicht, dass meine Seele ein denkendes Wesen ist, sondern dass ich ein vernünftiges, moralisches Geschöpf bin." — Bunsen sagt (Bibelw., Genes. 2, 9.): „Der Mensch soll der göttlichen Idee nach zum Bewusstsein der ewigen Natur nicht kommen durch die Bethätigung der in ihm liegenden Macht und Möglichkeit, das Böse zu thun, überhaupt nicht durch den Verstand und das Erkennen, sondern durch das sittliche Handeln."

Juda Halevi hält die Seele für ein selbstständiges, immaterielles Wesen; sie ist die Form, die Vollendung des Körpers und untheilbar.[1] „Die Seele besteht nicht aus der Mischung körperlicher Elemente. Denn wenn ein Ding durch Mischung von Ingredienzen entsteht, so überwiegt entweder eine Ingredienz oder mehrere, und die betreffende Form wird demgemäss; oder die Ingredienzen bekämpfen einander der Art, dass keine ihre Form behält und aus ihnen heraus eine neue Form sich bildet; die Seele aber gehört nicht zur Gattung der körperlichen Ingredienzen, sondern sie ist eine Form von aussen".[2]

„Die Seele ist nichts Körperliches und nichts Accidentielles. Obgleich Form des Körpers, wird sie in ihrer Wahrheit nicht getheilt, wenn der Körper getheilt wird; auch nichts Accidentielles, da dieses getheilt wird, wenn sein Subject getheilt wird."[3]

Aehnlich Saadia[4] und Manasse ben Israel.[5]

Wessely endlich spricht: Bei der Bildung des Thieres heisst es, die Erde bringe das Lebende hervor; daraus ist zu entnehmen, dass sowohl Körper wie Lebensgeist in der Erde ihren Entstehungsgrund haben, denn auf das ganze Thier in seiner Lebensgestalt bezieht sich dieser Schöpferspruch.[6] Der ganze thierische Instinkt, das so zu sagen Geistige im Thiere, ist demgemäss nur irdischer Natur.[7]

---

[1] Kusari V, 12. אן הנפש המדברת צריכה לגוף הנפש שלמות לגשם.
[2] Ebendas.
[3] Ebendas.
[4] Emun. we-Deoth VI, 3. ff.
[5] Nischm. Chaj. II, 4. S. 25. Vergl. I, 1. S. 2. b.
[6] Sepher hamidoth I, 1. § 5. למדנו שגולמירהם ונפשותיהם על צאצאי הארץ יחשבו שהרי על הכל אמר הוצא הארץ etc.
[7] Pred. 3, 21.

Bei der Bildung des Menschen aber heisst es: Da bildete der Ewige, Gott, den Menschen aus Staub von dem Erdboden und blies in seine Nase Hauch des Lebens, und es ward der Mensch zu einem Lebenathmenden. Zuerst also ward der Körper des Menschen aus Staub gebildet, und dann erhielt er die göttliche Seele, die nicht nach der Art der thierischen Wesen ist.[1] Erst als die Seele in den Körper kam, ward der Mensch zu einem Lebenathmenden, und jetzt in seiner dualistischen Natur gehört er nach der sinnlichen Seite, wie das Thier, der Erde an, nach der geistigen dem Himmel.[2]

Die Präexistenx der Seele finden Einige[3] schon in der Bibel ausgesprochen.[4]

Deutlich tritt diese Lehre erst in den Apokryphen[5] und bei Philo[6] auf ($\mathit{\dot{\alpha}\pi o\lambda \iota \pi o\tilde{\upsilon}\sigma\alpha\ \mu \acute{\epsilon}\nu\ \gamma \alpha \varrho\ (\dot{\eta}\ \psi \upsilon \chi \acute{\eta})\ \tau \grave{o}\nu\ o\dot{\upsilon}\varrho \alpha \nu \grave{o}\nu\ \tau \acute{o}\pi o\nu\ \kappa \alpha \vartheta \acute{\alpha}\pi \varepsilon \varrho\ \varepsilon \dot{\iota}\varsigma\ \xi \acute{\varepsilon}\nu \eta\nu\ \chi \acute{\omega}\varrho \alpha\nu\ \tilde{\eta}\lambda \vartheta \varepsilon\ \tau \grave{o}\ \sigma \tilde{\omega}\mu \alpha}$).

---

[1] להודיענו שאנחנו מן הנפשות שהן למטה בארץ.
[2] ואחר שבאה הנשמה העליונה הזאת בגלמו אז. ויה ' האדם לנפש חי '. שנעשה בעל יכולת לעשות גם מעשה העולם הזה כדרך שיעשון שאר מדני נפש הר '.
— Vergl. ders., Chikur din. S. 32. b. — Albo, a. a. O. IV, 30. — Reusch, Bibel und Natur. S. 377. — Meyer, a. a. O. Kap. 5. 6. — Snell, die Schöpfung des Menschen, S. 51. Leipz. 1863. „Wer kann vernünftigerweise daran denken, dass die jetzt lebenden Geschöpfe, deren Organisation einerseits vollkommen zweckmässig ist für ihre kleine Aussenwelt und andererseits mit dem Umfang ihrer Triebe und Instinkte völlig sich deckt, jemals zu etwas anderem sich entwickeln werden oder früher unter ähnlichen Umständen sich entwickelt haben, da eine Entwickelung doch überall nur möglich ist, wo ein Inneres die gegebenen äussern Zustände überragt?"
[3] S. Flügge a. a. O. III. S. 43—74; Wessely, Seph. hamid. I. 1. § 5.
[4] I. B. Mos. 1, 27; 1 Sam. 2, 6., Jerem. 1, 5., Ps. 77—5—7. 138, 15., Jjob 1, 21; 3, 16., Pred. 11, 5. (nach Jon. b. Usiel).
[5] Buch der Weisheit, 8, 19.
[6] De mundi opif. 31. Vergl. Plat. Men. 80 ff.

Nach dem Talmud[1] belebt die Seele des Menschen den befruchteten Keim im Mutterleibe, woselbst sie noch ihr präexistirendes Wissen behält; erst bei der Geburt des Kindes schlägt es ein Engel auf den Mund, wodurch es Alles vergisst.[2] Wenn auch die Seele den ganzen Körper durchdringt,[3] so nimmt man doch einen Mittelpunkt ihres Wirkens an, entweder wie Plato und Pythagoras[4] den Kopf oder wie Aristoteles[5] das Herz. Wiewohl Letzterer den Kopf dem Herzen unterordnet, so erkennt er doch seine nothwendige Beziehung auf dieses, und das Gehirn ist nach den Pythagoreern ein reflectirender Sammelpunkt der vom Herzen ausgehenden Strahlen (εἶναι δὲ τὴν ἀρχὴν τῆς ψυχῆς ἀπὸ καρδίας μέχρι ἐγκεφάλου).[6]

Halevi sagt[7]: „Es bedarf äusserer und innerer Sinne, deren Sitz der Kopf durch Hilfe und Vermittelung des Herzens ist. Der ganze Körper ist also so geordnet, dass Alles

---

[1] Abod. sar. 5. a. Nidd. 13. b. 30 b., Jebam. 62. a. Sanhedr 91. b. Berach. 10. a. 50. a. Vergl. Beresch. rabb. 8. b.

[2] Nidd. 30. b. Vergl. Plat. Tim. 41. e. Diese Parabel will darstellen, wie Tugend und Weisheit dem Menschen angeboren, in's Herz geschrieben sind, was später durch die Erkenntniss zum Bewusstsein gebracht wird. Da aber erst die Sprache der Massstab der Entwickelung ist, so ist das Kind bei der Geburt gleichsam noch auf den Mund geschlagen, und erst mit der Entwickelung der Sprache entfaltet sich die ursprüngliche Anlage. — Vgl. Fassel, Jugend- und Rechtslehre. S. 46. Wien 1848.

[3] Berach. 10. a.

[4] Tim. 483. 484. Diog. Laert. VIII, 30. Midrasch z. d. Sprüchen (Elieser).

[5] De anim. II, 1. Saadia. a. a. O. VI. (neben Herz steht immer Seele: בכל לבבכם ובכל נפשכם). Jbn. Esra z. Genes. I. 1. Wessely, Seph. hamid. I, 1. § 4. Gan Naul I, 1. S. 21. (II. B. Mos. 28, 3; 35, 35. Spr. 2, 10. Pred. 1, 16. 17).

[6] Diog. Laert. VIII, 30.

[7] Kusari. II, 26.

auf die Regierung des Herzens zurückgeht; denn dies ist das erste Lager der Seele; eine Verbindung derselben mit dem Gehirn ist nur eine secundäre, durch das Herz vermittelte."

Bechai spricht[1]: Die Schrift nennt die Vernunft Herz, weil das Herz Ursache der Vernunft ist; denn das Denken und die Vernunft liegt im Herzen. Die Worte „mit deinem ganzen Herzen" commentirt er[2]: „Das Herz ist die Wohnung der vernünftigen Seele". Doch schreibt auch er dem Kopfe die Kraft des Denkens zu.[3]

Manasse ben Israel meint,[4] dass wie durch den Kopf das erste Sehen und zwar vermittelst des Auges erfolgt, so auch das Herz wieder der Anfang des Verstandes ist, woselbst die Seele zuerst ihren Sitz hat; die volle Erfüllung des Denkprozesses geschieht jedoch erst durch den Kopf, der die letzte ausführende Kraft besitzt.

2. Bestimmung und Ziel des Menschen, beziehungsweise des Menschengeschlechts auf der Erde.

Die Grundanschauung der jüdischen Lehre vom Menschen ist seine Freiheit, seine Selbstbestimmung. Sofern man den Menschen nur in Beziehung zu Gott betrachtet und ihn nicht auch als einen Theil der physischen Natur ansieht, wird man zur Verkennung des menschlichen Wesens gelangen und demgemäss zu einer Lehre, wie von

---

[1] Wajikra. הכתיב קורא לחכמה לב מפני שהלב סבה לחכמה כי המחשבה והחכמה בלב.

[2] Waetchan. בכל לבבך: הלב משכן הנפש החכמה.

[3] Beresch. 4, 1.

[4] Nischm. Chaj. II, 12. S. 29. b.

der Erbsünde. Es gibt kein grösseres Hemmniss für die Vervollkommnung des menschlichen Geschlechts, als dasselbe unter die Fessel der Nothwendigkeit geschmiedet zu betrachten, als in dem Menschen immer nur eine armselige Creatur zu bejammern, die nicht durch sich selbst aus ihrem elenden Zustande herausgehen könne, sondern von Gott begnadet werden müsse. Das Dankgefühl des Menschen, wenn es diesen auch demüthig macht und zur völligen Anerkennung der Herrschaft Gottes bringt, ist nicht sein Höchstes. Je grösser wir den Menschen denken, mit um so mehr Mitteln wir ihn ausgestattet sehen, dem göttlichen Ideale mit freier Selbstbestimmung sich nähern zu können, um so grösser erscheint uns auch Gott. Wenn wir dem Menschen als seine höchste Eigenschaft die Möglichkeit einer Perfectibilität zuerkennen, so müssen ihm die Mittel dazu schon in der physischen Welt geboten sein, damit er sein Endziel im Auge behaltend, diesem freiwillig, soviel es eben seine augenblickliche Existenzweise gestattet, zustreben kann.

Die einzige Schranke, die seiner Selbstbestimmung sich entgegenstemmt, ist die materielle Welt, aber innerhalb dieser allein kann er sich zur Freiheit erheben, indem er sie bekämpft und sich unterordnet. Beschränkt ist er hinsichts seiner leiblichen Natur, frei durch seine Willenskraft, die der göttliche Theil in ihm ist; er ist so zu sagen der sinnliche Stellvertreter Gottes auf Erden, der den Geist zur Herrschaft über die Materie erheben soll, und ist eine solche möglich, dann ist der höchste Grad von Freiheit, den diese Welt überhaupt nur zulassen kann, erreicht. Eine andere Freiheit kann in dieser Welt nicht erzielt werden.

Der Mensch ist durchaus aus Gottes Hand vollkommen, d. h. wie er als sinnlich geistiges Wesen nur erscheinen kann, hervorgegangen. Was wir an ihm Mangelhaftes, Beschränktes, Thierisches wahrnehmen, ist eigentlich nichts Sündhaftes, sondern Menschliches. Nicht einen Engel, ein nach unsern Begriffen rein vollkommenes Wesen, wollte Gott in dem Menschen der Welt übergeben, sondern eine Erscheinung, die mit ihrem Sinnentheil sich klammernd an die Natur hängt, mit ihrem seelischen über diese sich erhebt, ihre Doppelnatur erkennend. Nicht der Genuss als solcher ist eine Sünde, sondern das Vergessen des Menschen an seine Göttlichkeit innerhalb des Sinnenkreises. Der Sinnengenuss, wenn er das Gute, das Göttliche, in ihm verdrängt ist das einzig Sündhafte und insofern mag man das Kind, wie auch den gedankenlosen Menschen, die Beide vornehmlich rein sinnlichen Einflüssen folgen, ohne die in ihnen Schlummernden, zum Guten richtenden Kräfte anwenden zu können, als Sünder betrachten. Mit dem Augenblick jedoch, wo die That nach der Erkenntniss des Guten sich richtet, ist die Sünde gebannt und zwar durch die freie Selbstbestimmung des wählenden Individuums.

Nicht von der Geburt, sondern von der Jugend an, in dem Stadium, wo die Sinnlichkeit vorwiegend sich geltend macht, ist „der Trieb des Menschenherzens böse"; denn die Liebe zur physischen Welt drängt die zur geistigen zurück und erst auf den Trümmern der Erscheinungswelt erhebt sich das Ideal. So klagte jener Weise, als er die Stelle las: „im Alter hört der Sinnentrieb auf", da ihm die Möglichkeit genommen zu sein schien, gegen jenen anzukämpfen, um ihn zu besiegen.[1]

Die Triebe des Herzens sind ihrer Idee nach weder böse noch gut; Beides können sie erst durch den richtigen

---

[1] Sabb. 152. a.

oder falschen Gebrauch des denkenden Menschen werden. Ein Sieg des Guten ist nur dann möglich, wenn man selbstbestimmend das entgegentretende Böse unterdrückt, überhaupt wird erst in der Beseitigung des Gegensatzes der wollende Mensch erkannt. Der Inhalt der Handlung und die Gesinnung, die ihr zu Grunde liegt, bedingen ihren Werth. Handlung ohne Gesinnung ist Naturzwang, Gesinnung ohne Handlung eine Wesenlosigkeit. Im Menschen ruht nun die Anlage, dem göttlichen Ideale nachzustreben und das einzige Mittel, diese Anlage ausbilden zu können, ist die sittliche Freiheit. Dabei ist zweierlei scharf zu unterscheiden: Naturtrieb und Sünde. Der Naturtrieb im Thiere kann zu keiner Sünde führen, denn sein zwingender Instinkt macht eben sein Wesen aus. So ist auch im sinnlichen Menschen der Naturtrieb ein berechtigter, die Sünde jedoch ist die Ausschreitung des Naturtriebes, ist die ungezügelte Empörerin wider das Sittengesetz. Die Sünde entsteht vor den Augen des verständigen Menschen und das lässt sie als strafbar erscheinen. Daraus folgt, dass dem Menschen durch seine Vernunft die Möglichkeit geboten ist, das Gute oder das Göttliche zu erkennen und durch seinen freien Willen die Kraft, das Gute über das Böse zu erheben. Seinen Werth empfängt er nach dem Siege, den er im Kampfe mit zweien Welten der nach Vollkommenheit strebenden Vernunft errungen; wie er den Conflict mit dem dem Egoismus folgenden Verstande als auch mit dem der Sinnlichkeit zugewendeten Triebe überwunden und seinen Blick auf den göttlichen Pol gerichtet hat.

Nach den Kabbalisten heisst nicht das leibliche, sondern das mit den geistigen Organen begabte Wesen Mensch.[1]

---

[1] Sohar, Abschn. Beresch. Vergl. Wessely, Gan. Naul II, 9. S. 23.

Vermöge seiner Anlage kann sich der Mensch selbst über die Engel[1] erheben;[2] und dem ersten Menschen wollten sie verehrend zu Füssen fallen.[3] Die Seele wird bei ihrem Hinabgange auf die Erde beschworen, ihre Reinheit zu bewahren[4] und der Zweck ihrer Sendung ist, sich jener Seligkeit würdig zu machen, die ihr für ein gottgefälliges Leben zu Theil werden soll.[5]

Würde die Seele nicht mit dem irdischen Körper vereinigt werden, so wäre ihr die Bedingung entzogen, die ewige Glückseligkeit zu erlangen, was nur auf die Befolgung der göttlichen Gesetze, wie durch Verdienste geschehen kann.[6]

Da, wie Bunsen sagt,[7] „die Verherrlichung des Göttlichen bedingt ist durch die bewusste Ueberwindung des Bösen und der äussern Naturnothwendigkeit", so konnte für jenen Zweck weder ein rein geistiges Wesen noch ein vernunftloses bestimmt werden; jenes folgte dem absolut Guten, dieses lebte ohne Willen und Absicht. Dazu war also nur der Mensch mit seiner Doppelnatur geschaffen. Diesen Sinn stellt die Parabel dar, dass Moses vor Gott die Engel als rein geistige Wesen für das Gesetz ungeeignet erklärte.[8]

---

[1] Ueber die Angelologie und Dämonologie s. Brecher a. a. O. S. 1—60. Wessely Chikur din. S. 24. 27. ff. — Schultz, a. a. O. Bd. I. S. 330—347; Bd. II. S. 129 ff.; 321 ff. — Hamburger, a. a. O. Artik.: Engel, Geister.
[2] Sanhedr. 93. a. גדולים צדיקים יותר ממלאכי השרת.
[3] Beresch. rabb. I. c. Vergl. Phil. de mund. opif. 31. 34.
[4] Nidda 30 b.
[5] Aboth 4, 21.
[6] Saadia, Emunoth we-Deoth, Thl. VI.
[7] Bibelwerk, Genes. 2, 9.
[8] Sabb. 88. b. Vergl. Nischm. Chaj. II, 4. S. 25.

Der Mensch, die Krone der Schöpfung, ist Herr über die ganze Erde;[1] durch den ihm von Gott selbst eingehauchten Odem ihm ebenbildlich gemacht, ist er den himmlischen, geistigen Wesen gleich und kann sie selbst besiegen.[2] Nur ist der Mensch vermöge seiner dualistischen Natur Bürger zweier Welten, der physischen und geistigen.[3] Die physische Natur des Menschen ist dem Egoismus zugewandt, und deshalb kann sie das Gesetz der Moral übertreten,[4] aber der im Menschen wirkende Geist hat die Fähigkeit die Oberherrschaft zu erlangen und das Gute zur Geltung zu bringen.[5]

---

[1] I. B. Mos. 2, 19.
[2] I. B. Mos. 32, 25. ff.
[3] Phil. de mundi opif. I. 32.
[4] I. B. Mos. 8, 21. — Vergl. ἀνθρώποισι γὰρ τοῖς πᾶσι κοινόν ἐστι τοὐξαμαρτάνειν. (Sophokl. Antig. 1025 ff. Br.), ἀνθρώποισι δὲ θεῶν διδόντων εἰκὸς ἐξαμαρτάνειν. (Eurip. Hippolyt. 1433 ff. Valck.). „Wie die Seele beschwert wird mit dem Leibe, erzeugt der Leib das Vergessen des himmlischen Daseins, sie geht verlustig des göttlichen Andenkens und dann ist sie im Argen, denn diese Vergessenheit ist das Arge." Hermes. Trismeg. Clav. S. 11. Creuzer a. a O. II. 3. § 12. S. 134. Vergl. Phil. de alleg. 708. Cic. de senect. 21; de rep. VI, 15.
[5] I. B. Mos. 2, 16. 17; 4, 7. V. B. Mos. 11, 26. ff. 30, 15. 19. Jerem. 21, 8. Sirach 15, 14—16. Berach. V. a. Nidd. 16. b. Maimonides, Teschub V, 2. Die hieher gehörigen Stellen aus Philo s. in Grossmann's quaestt. Philon. I, S. 34 ff. Leipz. 1829 und in Flügge's Glauben an Unsterblichkeit u. s. w. I, S. 248 ff. — Nischm. Chaj. II, 4 S. 15. בחרריית (נפש) להשיג שלמותה ולקבל פרי מעלליו בעולם' הנשמה ובעולם התחי'. Wessely, Seph. hamid. I, 1. § 4. III, 1. § 6 und Gan-Naul I, 5. § 1. S. 21; II, 5. § 7. S. 4. — Fassel, a. a. O. — Hamburger a. a. O. Art.: Freiheit. *Aut voluntas non est, aut libera dicenda est*, sagt Augustinus. — Leibnitz, Theodicee. I, §§ 2, 45; II, §§ 102, 222; III, § 286. ff. — Aristot. metaphys. IX, 2. Eth. Eud. II, 8. Eth. Nic. III, 7. — Kant, Kritik der praktischen Vernunft. — Meyer, Philosoph. Zeitfragen. S. 205.

Eine Folge dieser dualistischen Natur ist die Sünde; sie ist immer der eigene Act des Individuums ohne Beziehung auf die gesammte Menschheit.[1] Nicht eine nothwendige Consequenz aus der Natur der Seele ist die Sünde, sondern sie entsteht im Kampfe der physischen Triebe mit dem freiheitsbegabten Geiste. Selbst die Sünde beweist die Freiheit des Geistes und wie man im Stande ist, von dieser sich wieder loszureissen und sich zu reinigen, also kein willenloses Geschöpf ist der nöthigenden physischen Natur, zeigt die Lehre, dass Gott stets dem reuigen Sünder vergibt und ihm dazu den Versöhnungstag bestimmt hat.[2]

Der Willkür der sinnlichen Natur, die dem Gesetz und der Pflicht widerstrebt, steht die Freiheit des Geistes gegenüber, das gerade zu thun, was nach dem Begriffe des Rechts geboten ist.

Die Bibel stellt die Sünde nicht als ein geschichtliches Weltereigniss dar,[3] sondern zeigt nur, wie die Möglichkeit

---

[1] Leibnitz a. a. O. III, 377. — Pfleiderer, a. a. O. I, S. 311 ff. — Philippson, Entwickelung der religiösen Idee S. 29 ff. und weltbewegende Fragen. Th. II, S. 245—282. — Hamburger a. a. O. Art.: Sünde.
[2] III. B. Mos. 23, 27 ff. Ezech. 18, 21 ff. Kiddusch 40. b.
ואפילו רשע גמור כל ימיו ועשה תשובה באחרונה אין מזכירין לו שוב רשעו.
— Maimonides, Teschub. I, 3. III, 14. VI, 2. — Wessely, Chikur din. S. 39 ff.
[3] Bunsen (Bibelw., Genes. 2, 5) sagt hierüber: „Was den Fall des Menschen im Allgemeinen betrifft, so gehört auch er nothwendig in die Welt der Idee, nicht in die geschichtliche Welt des Menschen auf der Erde: aber er wird geschichtlich mit jedem Menschen. Der Fall Adams ist die persönliche That jedes einzelnen Menschen, von Anfang der Geschichte bis auf unsere Tage: persönlich ist Beides, der Fall des Menschen und die Bewältigung des Bösen. Aber jenes ist ganz das Selbst im Menschen, dieses ganz das Göttliche in ihm". — Vergl. Schultz, a. a. O. Bd. I. Bd. I. S. 375 ff. Bd. II. S. 139—161. — Pfleiderer, a. a. O. Bd. I. S. 301—330.

der Sünde in der dualistischen Menschennatur liegt.[1] Mit der ersten Sünde fühlte der Mensch zuerst sein Gewissen. Der Mensch wird erst dann ein moralisches Wesen, wenn das Bewusstsein seiner physischen und sittlichen Triebe erwacht. Der freie Wille beginnt thätig zu sein und indem er mit Absicht das sittliche über das leibliche Leben erhebt, hat er die Bahn des Strebens nach Vervollkommnung betreten. Die Sünde war demgemäss der erste nothwendige Factor für die Entwickelung des Menschengeschlechts zur geistigen Höhe seines Ideals und seiner bewussten Annäherung zu Gott.[2]

Weder eine Erbsünde noch ein von aussen einwirkendes böses Prinzip kennt die jüdische Lehre: die im Menschen liegende Begierde nach dem Bösen ist der Satan und Todesengel,[3] letzterer insofern, als jene Begierde den Menschen endlich verderben muss.

Während Bunsen[4] die Befreiung aus der Sünde als Gottes That bezeichnet, nicht als das Werk des zwischen Gutem und Bösen (dem Angenehmen und Unangenehmen, Nützlichen und Schädlichen) wählenden Willens des selbstischen Menschen; während er ferner meint, dass wie das physische so das geistige, wahre Leben nicht des Menschen Eigenthum, dass ihm nichts eigen, als diese Eigenheit, welche eben die Sünde gebiert, lehrt der Talmud, dass der Mensch, indem er die Gottheit in seinen Willen aufnimmt[5],

---

[1] I. B. Mos. 3, 6. Vergl. Sanhedr. 91. b. — Leibnitz. a. a. O. II. § 231.
[2] Vergl. Ber. rabb. 9. 33.
[3] Bab. Bathr. 16. a. הוא שטן הוא יצר הרע הוא מלאך המות.
[4] Bibelwerk, Genes. 2, 5.
[5] Aboth 2, 4.

die Sünde verdrängt und dass erst der ein freier Mensch ist, der sich an die Lehre hält;[1] denn die Forderungen des Naturtriebes folgen der Nothwendigkeit, ebenso die des Verstandes dem Egoismus. Nur durch die Erhebung über Naturnothwendigkeit und Egoismus zum absoluten Sittengesetz ist wahre Freiheit zu verstehen. Wären die Handlungen der Menschen unabhängig von einem Ideale, sondern nur Folge eudämonistischen Dranges, so wäre er Sklave seiner Begierden und der äussern Umstände und seine Freiheit wäre nur eine Einbildung.

So ist der Ausspruch: „Stände Gott dem Menchen nicht bei, dann würde er dem bösen Triebe erliegen"[2], dahin zu erklären, dass der Mensch durch blosse Vernunft nicht immer das Rechte wähle und er die Lehre zur Richtschnur seines Wandels zu nehmen habe.[3]

Dem nach dem Guten Strebenden wird eine Unterstützung Gottes zu Theil, wie andrerseits dem der Sünde Nachfolgenden freier Lauf gelassen wird.[4] Der Erfolg der Handlungen liegt in Gottes Hand, doch die Bestimmung seiner Handlungen, wie auch die Anerkennung des Göttlichen, dem er nachzuleben hat, das liegt einzig in des Menschen Macht.[5] Darum ist die Gottesfurcht der Anfang der Weisheit, des tugendhaften Lebens.[6] Die böse Begier drängt von Jugend

---

[1] Aboth 6, 2. Perek Kinjan Tora 2. Erub. 54. a. Abod. sar. 5. a.
[2] Succ. 52 b. u. s. w. ואלמלא הקב׳ה עזורו לו אינו יכול לו — Vergl. Kiddusch. 30. b.
[3] Jerem. 9, 22. Jjob 28, 28. Ps. 111, 10; 119, 1. Pred. 12, 13. Spr. 29, 18. Berach. 5. a. Philo in Grossmanns quaestt. Philon. I. S. 33. Leipz. 1829.
[4] Joma 38. b. Sabb. 104. a.
[5] Ps. 37, 23. Berach. 33. b.
[6] Spr. 1, 7. 9, 10. 14, 26.

an[1] wenigstens zu Irrthümern, und so darf der Mensch nie sich selbst trauen.[2] Erst bei gewisser Reife der Vernunft, die dann dem göttlichen Willen nachfolgt, wird der von Jugend an dem Sinnlichen zugekehrte Trieb bestimmten Gesetzen sich unterwerfen. Also diese Regierung des Himmels über sich anzuerkennen, ist wahre Freiheit[3] und die Vernunft nach dem göttlichen Willen die sinnlichen Triebe leiten lassen, ist Tugend.[4] Die Geschichte des Heidenthums zeigt uns, welcher Verirrungen der Mensch in seinem Wahne fähig ist. Sein Gewissen lehrte ihn noch nicht die Unterscheidung von gut und böse, das liess ihn noch nicht den Werth der Handlung ermessen. Nur der göttliche Willen zieht die scharfe Grenze zwischen dem Guten und Bösen und seine Erkenntniss ist mit der Gottesstimme in uns[5] übereinstimmend.

Dem göttlichen Willen soll aber der sich selbst bestimmende Geist nicht dienen, weil er etwa dadurch Glück-

---

[1] I. B. Mos. 8, 21.
[2] Aboth 2, 4. Vergl. Leibnitz, Theodicee I. §. 51.
[3] S. Berach. 16. a. Aboth 6, 2. „Das ist keine Sclaverei, wenn der Wille der Weisheit folgt. Ist wohl der weniger Sclave, der aus eigener Wahl nach der vollkommenen Vernunft handelt?" Leibnitz, a. a. O. II. § 228. „Durch Vernunft zum Besten bestimmt werden, ist der höchste Grad der Freiheit. Ohne Freiheit würde der Verstand unbrauchbar sein und ohne Verstand würde die Freiheit nichts bedeuten." Ders. neue Versuche über den menschlichen Verstand.
[4] Vergl. Berach. 5. a. יצר הרע על טוב יצר אדם ירגיז Aboth 2, 4; 4, 1. Leibnitz a. a. O. I. §. 58. Ἐι βούλει ἀγαθὸς εἶναι, πρῶτον πίστευσον, ὅτι κακός εἶ. Epiktet. Nam qui peccare se nescit, corrigi non vult. Senec. epist. 28. Virtus est vitium fugere et sapientia prima Stultitia caruisse. Hor. epist. I, 41 ff.
  Vis recte vivere: quis non?
  Si virtus hoc una potest dare, fortis omissis
  Hoc age deliciis.   Ders. epist. I., 6, 29 ff.
[5] Sanhedr. 102. a.

seligkeit erlangt, sondern ohne Absicht auf Lohn[1] aus reiner Liebe zu Gott und zum Guten selbst.[2] Wer nur aus Interesse, aus kluger Berechnung tugendhaft ist, für den wäre es besser, er wäre nicht geboren.[3] Das Grundgesetz der Bestimmung des Menschen ist in den Worten ausgedrückt: „Seid heilig, denn heilig bin ich der Ewige, euer Gott." „Vollkommen sei mit dem Ewigen, deinem Gott."[4]

Also ein von der Religion durchheiligtes Leben ist das Ziel des Menschen auf dieser Erde. Alle Bedingungen, um selbstständig nach der göttlichen Vollkommenheit zu streben, sind ihm ertheilt und wenn er diese auch nie ganz erreichen kann, so darf er seiner Bestimmung nicht untreu werden, dem Gott ebenbildlichen Geist die Herrschaft zu erhalten über die dem Egoismus des Menschen zugekehrten Naturtriebe.

So kann nach jüdischer Lehre der Mensch schon in diesem Leben Gott sich nähern,[5] in welchem Sinne Israel ein Reich von Priestern, ein heiliges Volk[6] genannt wird und dass Menschen schon in diesem Leben in die Nähe Gottes kamen,[7] deutet darauf hin, dass ihr tugendhafter Wandel im Jenseits nur fortgesetzt zu werden braucht.

---

[1] Aboth 1, 3. *Sincerum est nisi vas, quodcunque infundis acescit.* Hor. epist. I, 2, 54.

[2] Maimonides, Teschub. X, 1 ff.

[3] Berach. 17. a. וכל הצשה שלא לשמה נוח לו שלא נברא.
„*Bonum ex causa integra, malum ex quolibet defectu.*"

[4] III. B. Mos. 19, 2; V. B. Mos. 18, 13. „Der Wille geht auf das Gute überhaupt; er soll nach der Vollkommenheit streben, die sich für uns schickt, die höchste Vollkommenheit aber ist in Gott." Leibnitz, a. a. O. I, § 33.

[5] V. B. Mos. 4, 7.

[6] II. B. M. 4. 7.

[7] I. B. M. 5, 24; II. König. 2.

Das Diesseits in jüdischem Sinne ist eine Vorbereitungsstätte für das Jenseits[1] und ein nach Verhältniss schon verwirklichtes Jenseits.[2] Gott greift als Vorsehung[3] in die Entwickelung des Menschengeschlechts insofern ein, als er es zum Endziel der Vollkommenheit führen will. Innerhalb des Kreises, in welchem der Mensch sich befindet, hat er freien Lauf, doch die Bestrebungen der Menschen richtet Gott so, dass sie seinen Weltzweck erreichen. Tritt nun ein Geschlecht dem göttlichen Plane entgegen, so muss die vorsehende Gottheit dieses beseitigen, wie es zu Noah's Zeit, in Sedom und Amorah geschah.

Der Einzelne, sofern er dem Endziel der Menschheit zuwiderstrebt, übt höchstens einen hemmenden, nicht aber einen vereitelnden Einfluss auf die Gesammtheit; das Böse haftet am Einzelnen allein.[4]

Demgemäss verheisst die Bibel eine Zeit der Vollkommenheit des menschlichen Geschlechts, in der alle Menschen den himmlischen Allvater in brüderlicher Liebe verehren werden.[5]

Alle die Schäden und Gebrechen der menschlichen Gesellschaft, alle die Verirrungen der Cultur und der religiösen Verehrung werden verschwunden sein; das Reich der Lüge und des Hasses ist zertrümmert und Ein grosses, göttliches

---

[1] Aboth 4, 21.
[2] Vergl. Delitzsch, Bibl. Commentar über den Propheten Jesaia. S. 650. Leipz. 1866.
[3] S. Philippson, Religionslehre, Abth. II, S. 98 ff. Hamburger a. a. O. Artikel: Welterhaltung.
[4] Habak. 3, 2. Pred. 3, 14. I. B. Mos. 50, 20 u. a. a. O.
[5] Joel 3, 1 ff. Jes. 2, 4; 11, 9; 65, 24, 25. Mich. 4, 3. Zeph. 3, 9. Sech. 14, 9 u. a. O.

Reich bilden die Menschen, in welchem. Gott allein als König anerkannt wird.

Diese Zeit des göttlichen Reiches tritt in Folge der auf das Gute gerichteten Entwickelung des Menschengeschlechts ein.[1] Aber nicht kann es der Beruf eines Einzelnen sein, diese Zeit der Vollkommenheit herbeizuführen — in dem Zusammenstreben der verschiedensten Kräfte wird man zu einem einheitlichen Ziele gelangen. Die Idealzeit hat das ganze Geschlecht im Auge, der Moment die Einzelnen. Indem der Einzelne eine höhere Stufe erklimmt, bildet sich ein Kreis, der ein harmonisches Geschlecht einschliesst. Das erst zeigt die Vollendung des Menschengeschlechts, wenn ein Ziel als ein Allgemeines, Göttliches, von allen Menschen anerkannt wird und das soll nicht durch Beschränkung der Subjectivität, sondern gerade in der Herausbildung aller Individualitäten zum Guten erreicht werden. Denn „die Weltgeschichte ist der Fortschritt im Bewusstsein der Freiheit". Die Mannigfaltigkeit der Kräfte im einheitlichen Verbande ist die Aehnlichkeit der Gotteseinheit.

Die Idee des Messiasreiches wird durch den Satz charakterisirt: לא אברא עלמא אלא לבשיח. „Nur des Messias[2] wegen ist die ganze Welt erschaffen worden."

Wenn die Völker in der Entwickelung so weit gediehen sein werden, die menschliche Gewalt der göttlichen

---

[1] Sanchedr. 98, b. זכו אחישנה לא זכו בעתה

[2] Ueber die jüdische Lehre von einem persönlichen Messias s. Maimonides, Agereth Teman; Taam sekenim S. 58 ff. Frankf. 1854. Kutna, „Präcisirt die israel. Religionslehre den Glauben an einen persönlichen Messias?" Halberst. 1854. „Jeschurun" Nr. 5—8. Frankf. 1864. „Israelit" Nr. 3, 6—8. Mainz 1864. Vergl. Hamburger, a. a. O. Artikel Messias; Philippson, Religionslehre, Bd. III. S. 134 ff. Weltbewegende Fragen, Thl. II, S. 282 ff.

Herrschaft unterzuordnen: והיתה לי׳ המלוכה.; wenn nicht Sonderinteressen die Nationen leiten werden, sondern einzig das Ziel gelten wird, in strenger Gerechtigkeit und in Eintracht das geistige und moralische Wohl zu fördern; wenn jedes einzelne Volk in sich geschlossen, ein harmonisch gebildetes Geschlecht, als Glied der grossen Völkerkette, darstellt: dann bilden alle Völker zusammen Eine Nation, eine für göttliche, für sittlich erhabene Ziele strebende Gemeinschaft und Einen Staat, in welchem die Aufgabe des ganzen Menschengeschlechts in göttlicher Harmonie gelöst wird.

3. Von der Fortdauer der Seele nach ihrer Trennung vom Leibe.

Der einzige Ausgangspunkt für eine richtige Auffassung der jüdischen Unsterblichkeitslehre ist das Verhältniss des Menschen zu Gott. In ihm hat er seinen Ursprung, ihm ist er nach der geistigen Seite hin ebenbildlich und durch Herausbildung der göttlichen Natur erlangt er eine Vollkommenheit, durch die er sich einerseits nicht blos über die ganze Schöpfung erhebt, sondern auch andrerseits zu Gott zurückkehrt. In ihm findet er dann wieder die Harmonie seiner selbst, in ihm fühlt er sich frei und ewig. Wenn nun der Mensch nur in der Rückkehr aus der Natur zu Gott seine ewige Existenz finden kann, so ist der Boden für die Unsterblichkeitslehre gewonnen.

Und wirklich ist die jüdische Lebensvorschrift derart, dass sie den Menschen fortwährend auf Gott weist, in ihm ihn leben, ihn jederzeit so handeln lässt, dass er sich der Nähe Gottes würdig erweise; aber sie verlangt nicht von ihm, dass er sein Erdenbürgerthum verläugne, so lange er auf Erden wandelt. Er soll in dem Kreise seiner augenblicklichen Existenz das Höchste erreichen und sein Handeln danach bemessen, ob es in einer höhern, anders gestalteten Welt nur fortgesetzt zu werden würdig wäre.

Gott ist ihm nicht ein Erzeugniss speculativer Forschung, auch wurde er ihm nicht als Wesen in seiner Eigenthümlichkeit gezeigt, sondern er erkannte ihn aus seiner praktischen Beziehung zum Menschen und zur Welt.

Wiewohl Gott ausser der Welt ist, so wirkt er doch unmittelbar in der Welt. Nur in seinen Wirkungen kann er vom Menschen, so lange eben dieser in sinnlichen Banden ist, bemerkt werden; das absolute Sein Gottes erschliesst sich ihm hier nicht.[1] Das Volk Israel hat von Gott nicht bloss eine Idee empfangen, sondern hat ihn wirken sehen. In seinen Wirkungen lernte das Volk Gott fürchten und lieben, und aus diesen erkannte es zugleich die Vollkommenheit, die höchste Macht, und so ward Gott ihm zum Ideal.[2] Abfall von Gott war Abfall von der Sittlichkeit.[3]

Wenn man nun von dem Menschen, als im Ebenbild Gottes geschaffen, spricht, so kann man da nicht an Gott in seiner absoluten Wesenheit denken, da diese dem Menschen unerfassbar, sondern diese Aehnlichkeit[4] bezieht sich nur auf die im Leben des Menschen wie in der Welt sich äussernde Gottesmacht. Die Welt ist der Boden, auf dem Gottes Geist sich kund thut, aber dieser Geist ist nicht zu erfassen; in gleicher Weise ist der Körper die Stätte, in welcher die Seele regiert, ohne dass diese erkannt werden könnte. Die harmonische Verbindung von Geist und Materie,

---

[1] 2. Mos. 33, 2.
[2] 3. Mos. 11, 45.
[3] Maleach. 2, 10.
[4] S. Hamburger, a. a. O. Art.: Gottähnlichkeit.

ohne dass diese zur Einheit werden, ist das Medium, durch das die Aehnlichkeit zwischen Gott und dem Menschen sich ergibt: ersterer als ausserweltliches, geistiges Sein, aber in der Welt durch Wirkungen sichtbar werdend; dieser durch die im Körper sich kundgebende, aber über den Sinnenkreis hinausweisende Seele.[1]

Welt und Körper, die zur Bezeichnung Gottes und des Menschen nothwendigen Factoren, sind demgemäss nicht unheilige Erscheinungen, sondern gerade durch Gott und Seele geweihte Stätten, wo ihre Wirkungen sich entfalten; aber sie werden auch nicht dem Geiste gleichgestellt oder als ewig daseiend gehalten. Und weil eine Ewigkeit der Materie der jüdischen Lehre widerspricht, darum finden wir auch in der Bibel nicht geradezu eine Lehre von der Ewigkeit des Menschen, die in jener Zeit immerhin sehr materiell ausgesprochen werden müsste.

Die Unsterblichkeitslehre ist jedenfalls nicht Eigenthum späterer Geschlechter; sie tritt bei diesen nur in voller Entwicklung auf. Im Keime lag sie, abgesehen von den heidnischen Völkern, im Volke Israel, und nur das zeitweilige Verschweigen, wie überhaupt die Eigenthümlichkeit, die Fassungskraft übersteigende Dinge ruhen zu lassen, brachte zu der Meinung, Israel kenne keine Unsterblichkeitslehre. Ein Volk, das mit Gott einen so nahen, innigen Verkehr hatte, konnte sicher nicht hinter den übrigen Menschen zurückbleiben.

Wie kann man annehmen, dass Gott sich einem Volke offenbaren und ihm nicht Lehren mittheilen würde, die, nur ein Eigenthum der Heiden, diesen einen Vorzug gewähren sollten.

---

[1] Berach. 10. a.

Die Vorstellung der Bibel von Gott als einem Geist und Schöpfer, die Anschauung vom Geiste als Leben gebendes Prinzip, die Art der Menschbildung, das Gebot, nach Gottähnlichkeit zu streben sind unverrückbare Pfeiler einer Unsterblichkeitslehre.

Wie Gott als Vorsehung nicht blos das gesammte All im Auge hat, sondern auch über den Einzelnen wacht und waltet, so ist wohl die dem ganzen Menschengeschlechte gemeinsame Vernunft unsterblich; aber die Unsterblichkeit des Individuum, welches das Besondere, wie jenes das Allgemeine vertritt, ist kein Aufgehen in die allgemeine, weltordnende, göttliche Intelligenz. Gott ist nicht mit der menschlichen Vernunft identisch, diese ist nur eine von Gott dem Menschen verliehene Kraft, sein Dasein zu deduciren und sich selbst zu erkennen. Gott steht über der menschlichen Vernunft und ist ohne sie vollkommen. Das Scheiden der individuellen Seele von dieser Welt ist kein Auflösen ihrer Individualität, sondern die Rückkehr, das Sichfinden in der göttlichen Heimat.

In der jüdischen Lebensanschauung steht man auf realem Boden. Hier entfaltet sich unser Leben, hier haben wir somit die Verpflichtung, das Höchste zu erreichen und diese so lange, als uns die Zeit dazu bestimmt ist. Was nach dieser Zeit erfolgt, das kann der im Sinnenkreis beschränkte Mensch umsoweniger ermessen, als er nicht einmal die ewigen Fragen, die ihm die Erscheinungswelt aufwirft, beantworten kann.

Wohl kann er sich mit der Folgerung trösten, dass das, was ihm als das Höchste erscheint, was einzig und allein die Vollkommenheit gewähren kann, die er aber trotz sehnlichsten Wunsches nicht zu erreichen vermag, nicht hier seinen Abschluss findet und dass endlich der Drang, jene

Vollkommenheit zu erlangen, nach der Weisheit und Liebe Gottes zu schliessen, befriedigt werden müsse. So kommt der Mensch zu dem Vorsatze, vorerst die Ewigkeit als absolute Gegenwart zu betrachten, ihr ganz und gar gerecht zu werden, in ihr die Dimensionen der Vergangenheit und Zukunft zu finden, sie als den abstracten Begriff der Gegenwart zu erklären, die einen ewigen Inhalt im Wechsel und in der Flucht der Erscheinungen bewahrt.

Im vorhergehenden Kapitel haben wir gesehen, wie es dem Mosaismus um ein vollkommenes Diesseits zu thun ist; wie ihm ein von der Religion durchheiligtes Leben Selbstzweck und Bestimmung des Menschen auf dieser Erde war. Um es zu einer Vollkommenheit des Daseins zu bringen, musste ihm Selbstbestimmung und freier Wille und die Möglichkeit zugestanden werden, mit Hilfe der geoffenbarten Religion jene zu erreichen. Die Idee des Messiasreiches war eine nothwendige Folge dieser Bestimmung und nicht blos durch den reinen Monotheismus, sondern namentlich durch die Idee von einem vollkommenen Zustande des Menschengeschlechts in der Zukunft der Tage, für die wir zu wirken haben, unterscheidet sich die jüdische Religionslehre von der anderer Glaubensrichtungen.

Ist nun mit der Anweisung, ein Gottesreich auf Erden herbeizuführen, die That nur aus Liebe zum Guten selbst bestimmt, so entsteht die Frage: kannte der Mosaismus ausser dieser das ganze Menschengeschlecht beglückenden relativen Vollkommenheit, keine ewige Glückseligkeit für die individuelle Seele?

Nicht mit dürren Worten finden wir eine solche ausgesprochen, aber um so tiefer gehört sie dem mosaischen Geiste an und sollte nicht Beweggrund, sondern Voraussetzung der strebenden Menschen sein.

Erst wenn die geläuterten Begriffe von Gott feste Wurzeln geschlagen haben, kann sich auch die Auffassung einer ewigen Fortdauer klar gestalten und so stehen die alten Hebräer hierin bei allem Stillschweigen über die Unsterblichkeit der Seele höher als alle gleichzeitigen Völker, die in ihren dunklen und beschränkten Begriffen von der Gottheit und dem absolut Wahren nur verworrene und dumpfe Anschauungen über ein Jenseits haben konnten.

Das Verlangen nach geistiger Unsterblichkeit entsteht erst auf dem Boden gereifter Selbstthätigkeit und moralischer Vollkommenheit. Ich will den Ausspruch Montesquieu's,[1] dass eine Religion, die weder Himmel noch Hölle verkündigt, nicht gefallen könne, auf das Volk Israel nicht anwenden, der nur für dasselbe reden dürfte; aber das ist gewiss, dass die Idee der Unsterblichkeit sich nach der Vorstellung gestaltet, die man von der Seele hat und da die Bibel die Seele als ein Gott ähnliches Wesen bezeichnet, so musste wohl auch die Idee von der Unsterblichkeit in der grössten Reinheit sich bilden können.

Ohne den Glauben an die Unsterblichkeit der Seele fallen die Grundsäulen der mosaischen Religion: das Dasein Gottes, die Offenbarung, die Vergeltung.

Wenn die Unsterblichkeit geleugnet wird, wo sollte die volle Vergeltung stattfinden, die wir auf dieser Erde doch nicht wahrnehmen? Wenn aber keine volle Vergeltung geübt wird und wir das göttliche Walten vermissen, so ist das Dasein Gottes in Frage gestellt. Wie könnte dann noch nach Leugnung beider die Offenbarung von Gott hergeleitet

---

[1] De l'Esprit des lois, Bd. III, cap. 2, S. 4, Genève 1749. „*Les hommes sont extrêmement portés à espérer et à craindre; et une Religion qui n'auroit ni Enfer ni Paradis ne sçauroit guère leur plaire etc.*"

werden und wozu sollte man sich der schweren Gesetzesübung befleissigen?[1]

Moses hatte es mit dem ganzen Volke zu thun; ihm lag es ob, ein Gott geweihtes Priesterreich zu bilden. Da musste auch nur die Wohlfahrt eines solchen Volkes auf dieser Erde hervorgehoben werden, in welchem der Einzelne, auf den sich die Unsterblichkeit der Seele bezieht, für jetzt zurücktrat.[2] Wie sollte auch nur von einer geistigen Belohnung der Seele gesprochen werden, da der reine Begriff von Gott und Seele den Massen noch fern lag? Würden die Handlungen von der jenseitigen Belohnung abhängig gemacht, wie leicht konnten sie das Pflichtgebot verwerfen und nur irdischen Zielen nachstreben?

Wenn de Wette meint,[3] die politische Tendenz seiner Religion, womit sich die Lehre von ewiger Belohnung nicht wohl vertrug, oder wobei sie doch leicht entbehrt wurde, habe Mose abgehalten, die Lehre von der Unsterblichkeit einzuführen, so muss ergänzend bemerkt werden, dass Moses nur deshalb die irdische Wohlfahrt betonte, um das Volk für die ewige, geistige zu erziehen. Die Hebräer sollten zuerst eine irdische Vergeltung erfahren, die an sich übernatürlich sein musste, woraus sie leicht zur Auffassung der geistigen Belohnung in einem Jenseits geführt werden konnten. Wir sehen ja, wie oft noch der Götzendienst einriss und das allein ist ein Zeichen, wie sie für die Auffassung einer rein geistigen Fortdauer noch nicht fähig, sich erst durch Uebung des Gottesgesetzes die implicite enthaltene Lehre von einer Ewigkeit der Seele zum Bewusstsein bringen sollten.

---

[1] Vergl. Manasse b. Israel, Nischm. chaj. IV, 4. S. 66.
[2] Vergl. Albo, Ikkar. IV, 40. — Pfleiderer a. a. O. Bd. II, S. 306.
[3] Bibl. Dogmatik, 3. Aufl. S. 86.

In einer Zeit, wo man über den Unterschied zwischen Seele und Körper noch kaum tiefer nachdachte, konnte man unmöglich eine geistige Unsterblichkeit direct lehren. Wenn alle alten Völker eine Fortdauer kannten,[1] so ist das Stillschweigen darüber von den Israeliten, die grade die reinsten Ideen von Gott empfangen hatten, um so merkwürdiger; und wenn Moses, der gewiss von der Unsterblichkeitslehre Kenntniss hatte, — sollte er sie auch, wie man annehmen will, nur von den Aegyptern erlangt haben, — sie nicht offen als Lehre vortrug, so hatte ihn nur die Gefahr ihrer Verunstaltung sie zur Zeit verschweigen lassen können.

Auf die Erfahrung, dass im Pentateuch die Unsterblichkeit nie ganz deutlich gelehrt wird, dürfen wir nicht eine negative Folgerung für das Volk aufstellen. Das Volk sah in der Wechselwirkung mit Gott sein wahres Leben und musste so für etwas Höheres als das blosse Erdendasein Sinn und Verlangen haben. Richtig bemerkt daher Brecher[2]: „Die mosaische Gesetzgebung liess den Unterbau, der sich in Bezug auf die ewigen Wahrheiten, als über das Dasein eines Gottes und die Fortdauer des Menschen nach dem Tode im Volke vorfand, gewissermassen unberührt und vertraute der Entwicklungsfähigkeit der menschlichen Vernunft im Allgemeinen, dass diese an der leitenden Hand des Gottesgesetzes dahin gelangen werde, wohin sie zu bringen der ewige Führer beabsichtigt." „Moses fand die Vorstellungen des Volkes von der Fortdauer der Seele und ihrer ferneren Bestimmung genügend, um dasjenige gottgefällige Leben zu erzielen, wie es bei Erfüllung seiner Lebensvorschriften zu

---

[1] S. Meiners a. a. O., Bd. I, S. 291 ff. — Creuzer, a. a. O. die betreff. Stellen. — Wuttke a. a. O. Bd. I. § 165. S. 308. — Meyer, a. a. O. Cap. 10.
[2] Die Unsterblichkeitslehre des israel. Volkes. Einl. Leipz. 1857.

erreichen sei." „Er erwartete von der Entwickelung des Volkes die weitere Fortbildung der transcendentalen Ideen und es ist der Ruhm der mosaischen Religion, dass sie dem Geiste ihrer Bekenner keine Zwangsjacke der beschränkenden Dogmen anlegt und der freien Entwickelung der Vernunft den weitesten Spielraum gestattet."

Ebenso sagt Schäfer[1] sehr treffend: „Religion ist ohne Unsterblichkeitsglauben gar nicht denkbar. Die Israeliten wussten, dass die Seele ein von Gott ausgegangener Hauch und als solcher unvergänglich ist, während der Leib als Staubgebilde der Auflösung anheimfallen muss. Zur Gottebenbildlichkeit muss die Unsterblichkeit von vornherein gezählt werden, was dadurch auch noch verbürgt wird, dass der Tod erst als Strafe für etwaige Uebertretung angedroht wird. Damit ist im Fall der Nichtübertretung auch ein Nichtsterben involvirt."

Die meisten Forscher, die fast erschöpfend diesen Gegenstand behandelt haben, erkennen: dass die Unsterblichkeitslehre in den biblischen Büchern wenigstens implicite enthalten sei.[2]

---

[1] Neue Untersuchungen über das Buch Koheleth. S. 101. Freiburg i/B. 1870.
[2] Albo, Ikkarim IV, 40, 41 ff. — Kusari I, 115. — Nischm. chajim I, 10. S. 11, b. ff. 13, a. ff. — Wessely, chikur din. S. 26, 27. — Heman, über die Unsterblichkeit der Seele nach mosaischen Grundsätzen von einem evangel. Prediger (nach einer Handschrift von Wichmann, Pastor in Zwesen). S. 36 ff. Leipz. 1773. — Joh. Meyer de temp. sacr. u. s. w. Thl. II. Cap. 6. führt 58 Beweise dafür an, dass Mose die Unsterblichkeit gelehrt habe. — Michaelis, argumenta immortalitatis animorum humanorum et futuri seculi ex Mose collata. Gött. 1759. — Ammon, über das Todtenreich der Hebräer von den frühesten Zeiten bis auf David. — In Paulus Memorab. Stk. 4. S. 192, 207. — Conz, war die Unsterblichkeitslehre den alten Ebräern bekannt und wie? In Paulus Memorab. Stk. 3. S. 146. Leipz. 1792. — Kleuker, einige Belehrungen über Toleranz u. s. w. S. 145, 176. Frankf. 1778. —

Zuerst mögen sich bei den Massen der alten Hebräer, als sie die rein geistige Fortdauer noch nicht erfasst hatten, aber schon über Unsterblichkeit nachzudenken begannen, die Anschauungen von dem Scheol[1] gebildet haben; doch

---

Thym, Versuch einer historisch-kritischen Darstellung der jüdischen Lehre von der Fortdauer nach dem Tode, soweit sich Spuren davon im A. T. finden. Berl. 1795. (Im 2. Theile findet man eine Prüfung der hieher gehörigen Meinungen und Untersuchungen jüdischer und christlicher Schriftsteller.) — Zobel, Magazin f. biblische Interpretation, I. Bd. 1. Stk. Leipz. 1805. — Flügge, Geschichte des Glaubens an Unsterblichkeit u. s. w. Abschn. IV, S. 75. Abschn. VIII, S. 339—390. — Bunsen, Bibelwerk Bd. V, Thl. I, S. 42. — Philippson, Religionslehre, Bd. III, S. 231 ff. Leipz. 1862. — Hamburger, a. a. O. Artikel: Unsterblichkeit. — Schultz, a. a. O. Bd. I, S. 392—401; Bd. II, S. 161—170; 316—321. — Schultz, veteris T. de hominis immortalitate sententia illustrata. Gotting. 1861. — Menzel, die vorchristliche Unsterblichkeitslehre, Bd. I, S. 238. Leipz. 1870. — Kahle, bibl. Eschatologie, I. Abth. Gotha 1870. — Schäfer, a. a. O. S. 99 ff. — Vergl. Eichhorn, Bibl. der bibl. Litt. Bd. I, S. 367. — Stickel, das Buch Hiob z. Cap. XIX, 25. S. 155. Leipz. 1842. — König, die Unsterblichkeitsidee im Buche Jjob. Freib. 1855. — Starke, synopsis bibliothecae exegeticae in vet. test. Thl. III. S. 1012 ff. Leipz. 1747. — H. Ewald, Jahrb. der bibl. Wissensch. LXXIII. S. 45, 218. (1860.) Wolfsohn, das Buch Hiob, Einleitung. — Philippson, Bibelwerk, Bd. III. — Keil und Delitzsch, das Buch Jjob S. 216 ff. Leipz. 1864. — Dillmann, Hiob S. 182 ff. Leipz. 1869.

[1] S. Zobel, a. a. O. über die Etymologie von שאול S. 27 ff., dessen Synonyma und Epitheta, S. 32 ff., über die verschiedenen Dichtungsarten von שאול, die bei den früheren Juden aufzufinden sind und ihre Vergleichung mit dem griechischen und römischen $ᾅδης$ und orcus. S. 39—75. S. 39—75. — Flügge, a. a. O. Abschn. V. S. 164—188. — Bährens, über den Orcus der alten Hebräer. Halle 1786. Starke, a. a. O. Thl. V, z. V. 9. Jes. 14. Anm. S. 265/266. Conz in Paulus Memorab. Stk. 3. S. 165 ff. 1792. — Ammon, ebendas. Stk. 4, S. 193 ff. — Herder, vom Geist der hebr. Poesie, Thl. II, Abschn. 1, S. 104. — Ders., von der Auferstehung u. s. w. S. 8 ff. Redslob, der Grundcharakter der Idee vom Scheol bei den Hebräern, Illgen. Zeitschrift für histor. Theologie, Bd. VIII. 1838. Nischm. Chaj. Thl. I. Abschn. 12. S. 14. ff. — Brecher, a. a. O. S. 15. ff. — Kahle, a. a. O. S. 33 ff. und das. die betreffenden Stellen.

musste bald der Glaube an eine Fortdauer nur in einem finsteren Schattenreiche als mit dem Streben nach immer grösserer Vervollkommnung unvereinbar und dem mosaischen Geiste fremd, zurückgewiesen werden.

Ahron und Moses gehen mit einer Ruhe und geistigen Gehobenheit ihrem Tode entgegen, die nur eine durchaus gewisse Ueberzeugung von einem ewigen Leben geben kann. Begeistert ruft Moses aus: der Hort, untadlig ist sein Werk, denn alle seine Wege sind recht; ein Gott der Treue, sonder Trug, gerecht und gerad ist er.[1]

Bileam, der die Erwartung und Hoffnung Israels im Jenseits kennen musste, hegt den sehnlichsten Wunsch: sterbe meine Seele den Tod der Geraden und sei mein Ende dem ihrigen gleich.[2]

Der Baum des Lebens,[3] die Verantwortung des Selbstmörders,[4] der Glaube an die Todtenbeschwörung[5] weisen auf den Begriff einer Fortdauer deutlich hin.

Aus dem Gebote, wegen eines Todten nicht zu sehr zu klagen,[6] als Kinder des Ewigen, ihres Gottes sollten die Israeliten den Glauben schöpfen, dass der Verstorbene weiter lebt in seines Vaters Welt, in der göttlichen Heimat der Seele.

Vollständig ausgesprochen finden wir die Fortdauer jedoch erst in den Apokryphen.

---

[1] V. B. Mos. 32, 4.
[2] IV. B. Mos. 23, 10. — S. Literaturblatt des Orients. Nr. 7. Leipz. 1842.
[3] I. Mos. 3, 22.
[4] I. B. Mos. 9, 5 ff. Eine treffende Erklärung dieses Verses gibt Wessely im Chicur din. S. 32 ff. — Vergl. Kahle, a. a. O. S. 5.
[5] III. B. Mos. 19, 31; I. Sam. 28; II. König. 21, 6; Jes. 8. 19. Vergl. Kahle, a. a. O. S. 43 ff. 64 ff. 88 ff, und die betreff. Stellen.
[6] V. B. Mos. 14, 1.

Um diese Zeit namentlich tritt neben der reinen Auffassung der geistigen Fortdauer auch noch eine materielle auf, nämlich die der Wiedervereinigung des Körpers mit der Seele.[1]

Josephus sagt,[2] dass die Guten nach dem Umlauf von Aeonen[3] wieder heilige Leiber bewohnen werden. Die an Plato sich anschliessenden alexandrinischen Juden nehmen die Lehre von der physichen Auferstehung nicht an.[4] Im Buche der Weisheit finden wir nur die geistige Fortdauer ausgesprochen wie auch bei Philo. Ein psychologischer Materialismus, wie die Auferstehung einen solchen annehmen müsste, erfordert, wie Ziegler bemerkt, einen kosmologischen Materialismus. Demgemäss wird nach dem Tal-

---

[1] II. Maccab. 7, 9; 12, 43—45. — Vergl. Sanhedr. 90, a. ff. — Kusari I, 115. — Saadia, a. a. O. VII. — Albo, a. a. O. IV, 35 ff. — Haii Gaon im Taam Sekenim, S. 60 ff. — Herder, von der Auferstehung als Glauben, Geschichte, Lehre. — Flügge, a. a. O. Abschn. VI. S. 192 — 320; VII.¹ S. 303 — 326. — de Wette, a. a. O. Thl. I, S. 58. — Ziegler, kurze Geschichtsentwickelung der Lehre von der Auferstehung unter den Hebräern in Henke's Magazin für Religionsphilosophie u. s. w. Bd. V. S. 27. Helmstädt 1796. — אבקת רוכל S. 35—38. Amsterd. 1712. über die persische s. Avesta v. Spiegel. Bd. I, Stk. 32—35. Leipz. 1852. Kleuker's Zend-Avesta. Bd. I, S. 24 ff. — Menzel, a. a. O. S. 239 ff. — Brecher, a. a. O. S. 28. ff. Kahle, a. a. O. zu den betreffenden Stellen der biblischen Bücher. — Schultz, a. a. O. — Hamburger, a. a. O. die betreffenden Artikel.

[2] De bello jud. VIII, 5.

[3] Ziegler meint a. a. O., dass unter $αἰών$ wohl nichts anderes als die obere Welt zu verstehen sei, wenngleich oft Zeitalter Welt bedeutet. Vergleicht man das lat. Wort *aevum*, so ergibt sich nur der Begriff eines langen Zeitraums.

[4] Vergl. Plotin. III, 6. Was der Sinnlichkeit angehört, ist der schlummernden Seele, denn so viel von der Seele im Körper ist, so viel schläft. Die wahre Erweckung ist die wahre Auferstehung der Seele vom Körper, nicht mit dem Körper.

mud nicht allein an der Seele Vergeltung geübt, sondern der Mensch wird auch am letzten Tage in seine frühere Erdengestalt restituirt und das letzte Weltgericht wird über die Auferstandenen gehalten.[1] Den Läugnern dieses Glaubens, wie den Saducäern,[2] suchten die Rabbinen die Möglichkeit einer Wiedervereinigung der Seele mit dem frühern Körper darzuthun und ihre Lehre aus der Bibel[3] zu deduciren.[4] Die Ansichten über die spätere Bestimmung der Auferstandenen nach ihrer Aburtheilung sind verschieden.[5]

Da die Seele mit dem Körper gesündigt hat, so soll unter denselben Bedingungen an beiden die Vergeltung geübt werden. Die Belohnung soll der Körper mit empfinden, denn er verhalf ja auch der Seele zu ihrem göttlichen Dienste und selbst, wo er der Seele hinderlich war, konnte diese eine sittliche Erhebung und einen Sieg erlangen. Der Genuss des in seine Erdengestalt restituirten Menschen wird demnach ein geistiger sein; der böse, körperliche Trieb ist aus der Welt geschwunden[6] und da die Seele mit diesem

---

[1] Sanhedr. 91, b (die Parabel vom Blinden und Lahmen). S. auch Jalcut 123, a. Vergl. Spiegel, Zend-Avesta, Bd. II. In Yaçna, S. 166 heisst es: „Dem, der vom Bösen stammt, vergilt er nicht bis zum letzten Auflösen der Welt", was Spiegel so commentirt: „Die Bösen erhalten ihre Strafe nicht eher vollkommen, als wenn die Zeit des letzten Gerichtes gekommen ist." Vergl. Bd. III, Einl. Cap. 3. S. 75.
[2] Sanhedr. 90, b.
[3] II. B. Mos. 6, 4. 8. V. B. Mos. 1, 8.; 32, 39; 33, 6. I. Sam. 2, 6. Jes. 26, 14. 19. Ezech. 37, 5—10. Hos. 6, 1. 2; 13, 14; 37, 5—10. Maleach. 3, 23. Dan. 12, 2. 13.
[4] Sanhedr. 91, a ff.
[5] Abod. sar. 3, b; 4, a. Sanhedr. 92, a ff. Midr. z. Ps. 31. Albo, a. a. O. IV, 30. 31, 33—35. Taam Sckenim, S. 96 ff. (Rabbi Meyer, der Levit).
[6] Succ. 52, a. לעתיד לבא מביאו הקב׳׳ה ליצר הרע ושחטו.

fortan keinen Kampf zu bestehen hat, so wird sie sich dann für einen noch höhern Genuss, den sie nach ihrem zweiten Scheiden vom Körper im Jenseits erlangen soll, vorbereiten können.

Maimonides lässt die auferstandenen Menschen wieder sterben und die Seele ihr früheres Leben fortsetzen.[1] Die Anschauung, dass diese Welt nur eine Vorbereitungsstätte für das zukünftige Leben ist, gestattet eine Auferstehungslehre um so eher, als sie darauf die Seele eine grössere Fähigkeit, Gottes Macht zu erkennen, erlangen lässt; denn nur von der Ausbildung der seelischen Kraft und der Moral des Lebens hängt die Stufe ab, die ihr im Jenseits zu Theil wird. Die Auferstehung kann sich daher nur auf die Tugendhaften, die eine Vervollkommnung erstreben, beziehen;[2] die Gottlosen sind jedoch schon todt während ihres Lebens.[3]

---

[1] Mischna-Comment. Sanhedr. 10. Vergl. Albo, a. a. O. IV, 30. Nach Rabd und mehreren Anderen soll Maimonides in Teschuba VIII, 2. die Auferstehung der Todten nur geistig auffassen und dadurch Ketuboth 111, b widersprechen. In dem Buche Chemda Genusah, Königsb. 1856, worin Handschriften aus der Oxforder Bibliothek zum ersten Male veröffentlicht sind, findet man einen Brief von Maimonides an Joseph Gabir in Bagdad, in welchem es Abschn. II S. 4 heisst: אבל מה ששמעת אותם אומרים שאנחנו דוחקנו תחיית המתים ר"ל חזרת הנפש לגוף — זה שם רע גדול עלינו — והאומר זה עלינו או שהוא איש רשע ערום מוציא מדברינו מה שלא אמרנו או איש סכל נתקשה עליו להבין מדברינו העולם הבא וחשב שהוא תחיית המתים. Maimonides versteht nämlich unter עולם הבא nur das rein geistige Fortleben der Seele, verschieden von תחיית המתים, die eine Wiedervereinigung mit dem Körper ist. S. auch כסך מיצה und לחם משנה a. a. O., den מאמר ת'ה von Maimonides und Taam Sekenim a. a. O. S. 49, 69.

[2] Vergl. Grammatik der Parsisprache von Spiegel. S. 161, 169. Leipz. 1841. Haii Gaon im Taam Sekenim, S. 60.

[3] Mischna-Comment. Sanhedr. 10.

Kommen wir nun auf die Lehre von der rein geistigen Fortdauer zurück.

Von den drei Sekten, den Pharisäern, Sadducäern und Essäern bildeten die Ersteren die Auferstehungslehre aus.[1] Die nur die Bibel anerkennenden Sadducäer sollen[2] eine Fortdauer geläugnet haben, doch lässt sich das, als von einer im Judenthum wurzelnden Sekte nicht ganz annehmen und nur auf die Auferstehung beziehen.[3] Die Essäer waren Spiritualisten, welche die Seele als von Gott kommend zu ihm zurückkehren lassen. Sie dachten sich eine Vergeltung noch materiell, ähnlich wie die Griechen.[4] Im Uebrigen überlassen sie Alles Gott. (θεῷ καταλιπεῖν φιλεῖ τὰ πάντα).[5]

Das apokryphische Buch der Weisheit, auf eine rein geistige Auffassung der Fortdauer dringend, setzt die Erkenntniss als das Endziel der Seele.[6]

Der Gnostiker Philo, auf den freiern Standpunkt des Philosophen sich hebend, versteht den im Mosaismus ausgedrückten Gedanken, dass man schon in diesem Leben der Gottheit zuzustreben habe und ihr näher kommen könne. (τὸ ἕπεσθαι θεῷ, μιμεῖσθαι θεόν — πέρας εὐδαιμονίας τὸ ἀκλινῶς καὶ ἀρρεπῶς ἐν μόνῳ θεῷ στῆναι).[7] Das jenseitige Leben bietet nur eine Fortsetzung dieses geistigen, auf Gott bezogenen Lebens.

Der Talmud beweist zuerst die Nothwendigkeit einer Fortdauer und zeigt uns, dass unsere beschränkte Natur

---

[1] S. Josephus antiq. jud. XVIII. 1. § 3.
[2] Ders. a. a. O. § 4. Jost, Geschichte des Judenthums und seiner Sekten. Bd. I. S. 224. Leipz. 1857.
[3] Vergl. Brecher, a. a. O. S. 32. Grätz, Geschichte der Juden, Bd. III. S. 93, 510. Leipz. 1856.
[4] S. Josephus de bell. jud. II, 8. § 11.
[5] Ders. antiq. jud. XVIII, 1. § 5.
[6] Cap. 2.
[7] Philo de car. II, 404 und de somm. I, 23.

blos das rein geistige Jenseits nicht zu fassen vermag.[1] Diese Welt gleicht nur einer Herberge auf der Pilgerreise, jene Welt ist die wahre Heimath.[2] Einen Scheol kennt der Talmud nicht: Die Guten gelangen in's Eden, die Frevler in's Gehinnom.[3] Wie die Lehre vom Eden und Gehinnom sich als Vergeltung an das diesseitige Leben anknüpft, so findet man auch Aussprüche über die absolute Bestimmung der Seele vermöge ihrer ursprünglichen Anlage. Das Leben der Seele im Jenseits ist ein Fortschreiten in der Erkenntniss zu immer weiterer Vervollkommnung.[4]

Maimonides erkennt als die einzig wahre und würdige Bestimmung der Seele das geistige Fortstreben bis zur Stufe der Engel. Deren Kreise anzugehören ist das Endziel der Seele, wodurch der ewige Bestand der Seele in Gott gesichert ist, welche nach Anleitung der wahren Philosophie Gott begreifen gelernt hat. Das ist das höchste Gut, mit Nichts zu vergleichen. Das grösste Uebel dagegen ist die Vernichtung der Seele, die in Sinnlichkeit versunken, Wahrheit verschmähend, zum sinnlosen Wesen wird.[5]

---

[1] Kiddusch. 39, b. Aboth 4, 29. Bab. Bathr. 10, b. Taanith 11, a. Philo in Grossmann's quaestt. Philon. I, S. 47. Vergl. Albo, Ikkar. I, 9, der die Vergeltung auf dieser Welt mit der in der zukünftigen zusammen erst für vollständig, vollkommen und ausgleichend hält. In diesem Sinne erklärt er Ps. 19, 10: die Gerichte des Ewigen zusammengenommen sind gerecht. Berach. 34, b. Sanhedr. 99. a. לעולם הבא עין לא ראתה.

[2] Moed Katan. 9. b.

[3] Berach. 28, b. Vergl. Taam Sekenim VI. S. 47.

[4] Berach. 64, a. תלמידי דכמים אין להם מנוחה לא בעולם הזה ולא בעולם הבא שנאמר ילכו מחיל אל חיל.

[5] Mischna-Comment. Sanhedr. 10. In dieser Stelle, wie in Tract. Teschubah VIII, 1, wollten Einige eine völlige Vernichtung der Seele ausgesprochen finden. Da aber die Seele als einfache Substanz nicht

Die Strafe der Seele besteht nach Albo darin, dass die Seele, die im Erdenleben nur den Gelüsten des Körpers folgte und sich vom Göttlichen entfernte, auch im Jenseit nach jenen sinnlichen Genüssen strebt. Indem ihr nun die sinnlichen Werkzeuge fehlen, um sie zu geniessen, andererseits aber sie vermöge ihrer göttlichen Natur nach dem Göttlichen Sehnsucht empfindet, die sie ebenfalls nicht befriedigen kann, weil ihr die geistige Ausbildung mangelt; so schwebt sie zwischen Irdischem und Göttlichem, ohne eines zu erreichen. Das ist die grösste Strafe für die Seele, aber kein physischer Schmerz ist dabei zu verstehen, der bei einem rein geistigen Wesen undenkbar ist.[1]

---

vernichtet werden kann, in dem andern Falle aber, da die Vernichtung ein Auflösen in die Elemente ist, die Seele zu Gott zurückkehren müsste, was wieder als keine Bestrafung angesehen werden kann, so hält Maimonides diejenige Seele, die der ewigen geistigen Seligkeit nicht würdig ist, für todt, denn in ihrem Frevel paralysirt sie sich selbst, schneidet sich selbst die Bedingung einer geistigen Seligkeit ab. Selbst die grössten Frevler werden nicht vernichtet, sondern erhalten erst nach Massgabe ihrer Schuld die Strafe, worauf sie der Seligkeit theilhaftig werden. (Rosch hasch. 16, b). Teschub. III, 5: כל הרשעים שעוונותיהן מרובין דין אותן הציאתם ויש להן חלק לעולם הבא. Dass Maimonides durchaus keine völlige Vernichtung annimmt, darüber s. auch כסף משנה und פירוש zu beiden angeführten Stellen. — Abravanel (Comment. z. Pentat. Abschn. שלח S. 240) erläutert richtig das Wort כרת dahin, dass die Seele vom „Glanze der Schechinah" und von dem „Baume des Lebens" abgeschnitten ist, wie der morsche Ast vom Baume. (Vergl. Witribu in Taam Sekenim VI, S. 48 ff. Wessely, Chikur din. S. 39.)

[1] Ikkar. IV, 33. ולא מצד שישלוט בה האש כי אין האש שולט בדבר רוחני

Ziehen wir nach obiger Darstellung eine allgemeine Resumtion. Nach der Gottesidee gestaltet sich die Religion, nach dem Ideale das Leben. Die Gottesidee, wie das Ideal sind nicht Ergebnisse der äusseren Beobachtung und der Reflexion, sondern der Ausdruck des der psychischen Natur eingegrabenen Gesetzes. In der eigenen Brust trägt der Mensch den Himmel.

Gott ist nicht die Krone der Entwickelung, sondern das Prius des Seins überhaupt. Was sich entwickelt, gehört dem Reich der Materie an. Der Geist ist nicht die Vollendung der sich entwickelnden Materie. Der menschliche Geist, die ursprüngliche Fähigkeit, den absoluten Geist fassen zu können, entfaltet sich nur und wird durch Erfahrungen und Begriffe nur bereichert und gestärkt.

Da der absolute Geist sich ewig gleich bleibt, so hat er einen bestimmten Plan, nach dem der Entwickelungsprozess der Materie sich vollziehen soll. Darum kann der Mensch nur den Höhepunkt der Schöpfung bezeichnen und wenn sich in ihm auch Geistiges manifestirt, so zeigt das weiter nichts, als dass er in der materiellen Welt das einzige Wesen ist, welches von der Entwickelung ein Bewusstsein hat; aber beschränkt ist er, weil er nicht reiner Geist ist. Sein Geist, weil in die Endlichkeit gesetzt, hat die Schranke, nichts rein Geistiges denken zu können — er wird aber durch diese Schranke der Endlichkeit auf den Gedanken eines absoluten, reinen, unendlichen Geistes geführt.[1] Gott schaut kein Wesen in diesem Leben;[2] das Uebersinnliche, das vor unsren sinnlichen Augen sich Verbergende ist Gottes und nur das Offenbarte, das Sittengesetz und die Natur ist unser.[1]

Wir haben die Gottesidee, aber nicht die Kraft, die Idee zur Anschauung und Vorstellung zurückzuführen. Weil eben die Gottesidee nicht aus der Erfahrung sich ergibt, darum haben wir von Gott nicht zuerst die Anschauung und Vorstellung, sondern wenn wir ihn suchen, da haben wir schon die Idee von ihm.

Der Geist, Gott, spricht zum Geist, dem Menschen, in geistiger Sprache, in allgemeinster, umfassendster Weise, vermöge der Verwandtschaft. Unser Geist hat den Drang, das Unendliche denken zu wollen, und er fühlt, dass er ohne die endliche Sinnlichkeit umfassend denken könnte. Die Erfüllung dieses Willens sieht er daher in einem Wesen, das als das vollkommenste reiner, absoluter Geist sein müsse, ohne im reinen Sein zu erscheinen.

Die verschiedenen Zeitalter geben uns eine bestimmte Stufenreihe in der Ausdrucksweise, wie der Mensch nach der Gottesidee und dem Ideale, die jeweilig herrschend waren, sein Leben eingerichtet hat und wir beobachten demgemäss eine historische Entwickelung der Religion. Ist also die Religion einer Veränderung je nach den Verhältnissen unterworfen oder gibt es einen ewigen Inhalt bei allem Wechsel der Form?

---

[1] Vergl. Biedermann a. a. O. S. 15.
[2] V. B. Mos. 4, 15.
[3] V. B. Mos. 29, 29.

Das erstere fand statt; doch war das mehr ein Suchen nach den ewig geltenden Wahrheiten der Religion, — vom zweiten ist zu bemerken, dass die nunmehrige Feststellung Einer Norm, das Problem ist, das gelöst werden soll. Die Religion nämlich bietet sowohl ein historisches, wie auch ein psychologisches Spiegelbild. Ersteres insofern, als die Religionswahrheiten je der Fassungskraft und Gemüthsweise der Menschen sich accommodirten, letzteres dadurch, dass die Lehren der Religion nicht wider die Menschennatur streitende Elemente aufzunehmen gestatten.

Auf dem historischen Entwickelungsgange der Religion war eine von Gott ausgehende Offenbarung als nothwendig geboten, da der Mensch durch blosse Forschung und Speculation nie eine absolute, jeden Widerspruch aufhebende Wahrheit finden konnte, die eine ewige Grundlage der Religion hätte bieten können.

Die Religionsgeschichte umfasst im Allgemeinen die menschliche Thätigkeit, wie sie die Gottesidee herauszubilden suchte, zu der dann der Mensch ein bestimmtes Verhältniss einnahm. Die Offenbarung nun ist ein von aussen in die Religionsgeschichte eintretendes Moment, welches die Religion in die rechten Bahnen leiten sollte. Die Offenbarung bringt aber nichts Neues; sie ist nur die Bestätigung und Vergewisserung des in der Menschenseele schlummernden, angeborenen Gottes- und Tugendbegriffes; sie läutert die Sprache der Vernunft und gibt ihr das Gesetz.[1]

Durch die Offenbarung erfolgt die Scheidung von positiver und Vernunftreligion. Jene bringt uns in das directe Verhältniss zu Gott, indem Gott uns dazu auffordert — diese

---

[1] Vergl. Flügel a. a. O. S. 183 ff.

kehrt das Moralgesetz, das der Menschennatur eingegraben ist, hervor und indem der Mensch selbst sich dieses zur obersten Gottheit setzt, bleibt er nur im menschlichen Kreise. Bei dieser namentlich ist es die Philosophie, die ihre Hauptstimme abgibt.

So sehen wir Religion und Philosophie als parallele Entwickelungsreihen nebeneinander gehen, ohne dass sie ineinander zu fallen brauchten. Die Philosophie will in ihrer ganzen Geschichte nicht die Religion verdrängen, sondern ihre Lehren prüfen, sie entweder verwerfen oder als wahrheitsgemäss erklären. Sie wacht darob, dass jene nichts wider die Vernunft Gehendes aufnehme.

Dabei ist sie aber selbst in Gefahr, das, was sie an der Religion überwacht, bei sich zu übersehen. Sie kann sowohl in Negation, Nihilismus, Selbstvergötterung, Vermenschlichung Gottes oder Vergöttlichung der Natur ausleiten, wie sie andrerseits mit der Religion einem Zielpunkt zuzustreben vermag.

Immerhin müssen wir Religion von Philosophie unterscheiden. Philosophie ist zumeist aus dem Drange entstanden, das Problem zu lösen, Religion jedoch, um das Problem zu beseitigen und ein Postulat zu geben. In ersterer denkt man menschlich und geht von Mensch und Welt aus, um Gott zu finden — in letzterer denkt man göttlich und geht von Gott aus, da man ihn bereits hat.

So kommen wir dahin, dass die Religion eigentlich nur eine Grundlage hat und zwar die psychologische. Die historische Seite ist mehr eine Erziehungsgeschichte, wie der auf psychologischer Basis begründete Religionsinhalt eine allgemeine und ewig giltige Form anstrebt.

Die Menschennatur ist ewig dieselbe und nur die Erziehung macht aus ihr das Besondere und Abweichende, darum muss eine auf der wahren Natur des Menschen beruhende Religion ewige Geltung erlangen können.

Die Offenbarung, die dem Menschen eine Fernsicht für den Beruf im Erdenleben aufschliesst, gibt uns eine Religionsgrundlage, die der Menschennatur adäquat und sie zu beruhigen im Stande ist, denn sie ist, wie bemerkt, eine Bestätigung der der Menschenseele angeborenen Wahrheiten und diese sind: Gott, Freiheit, Unsterblichkeit. Innerhalb dieser drei Fundamentalsätze bewegt sich der Gang der Religion.

Diese gestatten jedoch keine Entwickelungsgeschichte, — eine Umformung des Gottesbegriffes, z. B. nachdem die Offenbarung erfolgt ist, muss ersteren verunstalten. Die Offenbarung ist ja nicht ein aus früheren Ergebnissen folgendes Glied in der Entwickelungsgeschichte der Menschheit, sondern ein die Geschichte bestimmendes, ihren Gang und ihre Ordnung leitendes Gebot. Es trat in dem Momente auf, als der Menschengeist in klarster Weise seine Grenze zeigte. Nur dadurch, dass von der Offenbarung die Religion der Ewigkeit datirt, wurde letztere geschichtlich — aber sie liegt in jeder Menschenbrust und ist mit ihr geboren.

Während die Philosophie mehr einen theoretischen Zweck im Auge hat, die Probleme und Erscheinungen zu lösen sucht, verfolgt die Religion einen rein praktischen. Sie richtet sich ganz nach der psychischen Anlage des Menschen.

Die Religion ist nicht ein Ideal, das nie zu erreichen ist, sondern eine Vorschrift, der man völlig gerecht werden und nach der man sein Leben einrichten kann.

Der Mensch ist der harmonische Repräsentant der Verbindung von Geist und Materie. In ihm allein zeigt sich Ewiges und Endliches. Nicht blos ein Naturprodukt, sondern auch dem über der Natur stehenden Wesen verwandt, ist seine Seele dem Pole ewiger, selbstständiger Fortexistenz zugekehrt und wie eine Vollkommenheit des Menschen möglich, ist aus dieser Voraussetzung zu folgern. Die Aufgabe des Menschen im Erdendasein ist mit Freiheit und Selbstbestimmung den möglichst vollkommenen Zustand der Gesellschaft zu erzeugen — aber das ist nur der Endzweck für das Geschlecht in dieser ihm angewiesenen Welt. Eine solche Vollkommenheit bezieht sich jedoch nur auf einen gesetzmässig geordneten Zustand, wo Hass, Bedrückung, Gewaltthat und wie alle die Ausgeburten menschlicher Leidenschaft oder die Folgen eines unvollkommenen Gesammtlebens heissen mögen, schwinden; — sie weist auf eine Zeit, da die Gesammtheit für das Wohl des Einzelnen und der Einzelne für das Wohl der Gesammtheit wirkt, wo zwischen Völkern nur ein Wetteifer in Bezug auf ihre Wohlfahrt und Beglückung sich kundgibt.

Immerhin steht dabei der fragende Menschengeist ohne Antwort, denn ein glückliches Erdenleben genügt ihm noch nicht — er will die Räthsel über Gott und Seele erschlossen haben! Der Mensch ist es, das Individuum, das mit dieser Welt sich nicht zufrieden gibt, und das ist nicht ein egoistisches, unberechtigtes Gebahren, sondern die Sprache der ihm angeborenen Gottesahnung.

Ein die ganze Menschheit beglückender Zustand ist in der Zukunft der Zeiten zu erzielen, aber der Mensch fühlt noch ein subjectives und für ihn höheres Verlangen, das ihm die Welt nie stillen kann, und doch ist dieses Verlangen ein so erhabenes! Er verlangt nach der Ewigkeit, nach der Verbindung mit Gott und auch die Gottesstimme in ihm drängt ihn zu einer solchen.

So erscheint dem Menschen die Welt in doppelter Bedeutung; erstlich um in ihr den vollkommensten Zustand für das Geschlecht in seinen Lebensbeziehungen zu erzeugen und dann diese Welt für sich als einen Kampf- und Bildungsplatz, als eine Vorbereitungsstätte für eine höhere Welt zu betrachten. Die Unsterblichkeit der Seele bezieht sich auf das Individuum; die Unsterblichkeit menschlichen Strebens auf das Menschengeschlecht in diesem Erdenraum.

Die Religion hat nun beides im Auge. Durch die Beziehung seines Lebens auf Gott bereitet sich der Mensch für eine Fortsetzung eines geweihten Lebens in geistigerem Maassstabe vor; durch die Nächstenliebe und im Streben für sie zahlt er seinen schuldigen Tribut der Menschheit.

Die jüdische Religion hat Beides harmonisch vereinigt. In der Gemeinschaft und der Verbindung des Volkes soll man die höchsten Interessen der Menschheit wahrnehmen und indem man das Menschenreich zu einem Gottesreiche stempelt, ist dem Einzelnen die Möglichkeit eröffnet, dieses Reich als die beste Vorbereitungsstätte für sein individuelles Verlangen und seine Glückseligkeit anzusehen.

Wenn der Mensch nur durch sich und nur in der Gattung fortleben will, so lebt er in der Endlichkeit als endlicher Theil fort; erst mit der Erhebung zu Gott und der Verlegung seines Lebensweges in Gott setzt er in ihm ihn unendlich fort. In Gott leben Alle fort, in der Menschheit lebt nur das Individuum, das ausgezeichnete, besondere.

Doch hängt nicht vom menschlichen Willen seine wirkliche Fortexistenz ab; die Natur der Seele bleibt in jedem Falle dieselbe und nur die Lebensanschauung und der Wandel ist von dem Glauben bedingt und abhängig.

Sofern wir nur das nach menschlichen Erfahrungen und Begriffen festgestellte Gute beobachten und danach die menschliche Gesellschaft vervollkommnen, ergibt sich uns das von Lessing verkündete neue Evangelium. Dieses hat wohl in sich Wahrheit und Lebensfähigkeit, aber es erstreckt sich nur auf die Zeitlichkeit dieser Welt; das Gute ist um seines selbst willen geboten und eine daran sich schliessende Belohnung nicht anzunehmen, da der grösste Lohn in der Pflichterfüllung liegt. Obwohl auch die jüdische Lehre dasselbe aufstellt, so sieht sie dennoch nach der seelischen Seite des Menschen blickend in ihm etwas mehr als einen blossen Erdenbürger und wenn sie auch keinen Aufschluss über ein anderes Leben gewährt, so zeigt sie, dass mit diesem Leben unmöglich der Beruf der Menschenseele abgeschlossen sein könne. Das neue Evangelium ist eine erkannte Nothwendigkeit für die Menschen in der Zeitlichkeit; die Gottesreligion die erhabene Wechselwirkung zwischen Gott und der menschlichen Seele für die Ewigkeit.

Wenn nun, wie Schleiermacher annimmt, 'eine Weltreligion nicht möglich sein soll, weil die Religion vom subjectiven Gefühle abhängt, so zeigt gerade die Gottesreligion, die solche Sätze aufstellt, welche in sich absolute Giltigkeit haben, dass nur ein Inhalt für die wahre Religion möglich ist, und diese ist eben die Lehre von dem rein geistigen überweltlichen Gott, der völligen Freiheit des Menschen als Gott ebenbildlich und der Unsterblichkeit der Seele als einem göttlichen Wesen.

Alles, was diese Begriffe verunstalten kann, hat der Mensch zu entfernen und in ihrer Reinheit gefasst, sind sie wohl geeignet, die Weltreligion zu werden.

Wenn Schleiermacher eine solche nicht zulassen will, so musste er die Offenbarung verwerfen, denn diese will eben eine solche erzeugen, indem sie die dem Menschengeiste angeborenen Ideen in apodictischer Weise hinstellt. Und da diese allgemein geltend sind, so legen sie auch dem subjectiven Gefühl keine Schranke auf; es mag sich dieselben immer noch denken, wie es will — der Inhalt bleibt derselbe. Die Offenbarung soll eben dem Menschen zeigen, wie es einen Weg gibt, ein allgemeines Verhältniss zu dem überweltlichen Geiste zu erfassen und dieses Verhältniss hat nicht bloss das Individuum, sondern das Geschlecht im Auge.

Die Religion empfängt allerdings ihren Charakter von der Gottesidee, die man hat; da man aber eigentlich gar keine Idee von Gott hat, von ihm nicht denken kann, w i e er ist, sondern nur, d a s s er ist, so ist die Religion nur der Kreis, innerhalb dessen die Gottesidee das Centrum abgibt, alle Radien führen von der Peripherie zu ihr und gehen von ihr wieder hinaus. Nicht identisch ist Religion und Gottesidee, sondern erstere bewegt sich nur um diese. Die Gottesidee ist das vom Geiste vorausgesetzte Wesen, — die Religion das vom Gemüthe erfasste Verhältniss zu ihm.[1]

Nun kommt es darauf an, durch die Scheidung einer geistigen und materiellen Welt Gott als das ewige Prius alles Seienden zu fassen und diesen nicht durch menschliche Combinationen zu verzerren. Man darf nur die Existenz eines solchen einheitlichen, überweltlichen, rein geistigen, selbstständigen, ewigen Wesens postuliren und dieses nicht in menschlicher Weise fassen, wodurch es erst zu einem Probleme gemacht wird. Die Religion sucht zwar Merkmale auf, die Gott zur Unterscheidung von allem Seienden zukommen müssen; aber eine Wesenzeichnung ist dem auf der Erde, als in der Endlichkeit sich befindlichen Menschen nicht möglich.

So spricht die Religion, sie hat die innere Erfahrung und diese dient ihr zum Beweis; die Philosophie dagegen wird durch äussere Momente bewegt und ihre Erfahrungen

---

[1] Vergl. Biedermann a. a. O. S. 10.

sucht sie erst zu beweisen. Darum ist das Gegeneinanderhalten von Religion und Philosophie kein Hinderniss für die eine oder die andere, so lange sie eben nicht ihren Standpunkt verrücken, sondern ihre Abgrenzungen im Auge behalten. Es war daher nothwendig, aus dem Zusammenhang und der Wechselwirkung der Religion und Philosophie die Gottesidee darzustellen; denn die Religion sucht mehr Gott — die Philosophie mehr die Idee von ihm, den Begriff. Im Zusammenhang musste sowohl Gott, wie die Idee, die wir uns von ihm machen, hervortreten.

Wie wir Gott aus dem uns angeborenen Zuge ableiten und ihn also schon besitzen, wird der Mensch durch die Seele, die ein göttliches Wesen ist, der Mittler zwischen Gott und Welt. Seine Erziehung muss demnach derart sein, dass er als Glied der Menschenkette für die Vervollkommnung seines Geschlechts arbeitet; für ihn besonders bleibt noch das Ziel, sich für eine individuelle, ewige Fortexistenz vorzubereiten.

Gott und Seele sind somit die Brennpunkte, um die sich Religion und Politik bewegen: erstere fasse ich in Bezug auf Gott, letztere in Bezug auf die Menschheit.

Der Materialismus ist kein Feind des Guten an sich, sondern führt nur zur Vergötterung der Materie und endlich des Menschen selbst. In gleicher Weise ist der Despotismus kein Feind der menschlichen Entwickelung, sondern nur der in Knechtschaft und nicht in Freiheit erziehende Factor. Wie aber der Mensch frei geboren ist, so muss er auch für die Freiheit erzogen werden und frei ist der Mensch nur dann, wenn er sich zu verleugnen und auch das Objective gelten zu lassen vermag. Völkerhass ist demnach der Menschen unwürdig, läuft auch dem Menschenziele entgegen: denn grade in dem gemeinsamen Zusammenstreben aller Völker für die Wohlfahrt Jedes und Aller ist ihnen die Aufgabe gesetzt.

Materialismus und Despotismus verlieren ihre Herrschaft gegenüber der Anerkennung der Religion und des Kosmopolitismus. Der wahre Kosmopolitismus vertritt nun die Aufgabe, die die Seele gegen die Menschheit — die wahre Religion die Aufgabe, die die Seele gegen Gott und die Menschen im Einzelnen zu erfüllen hat.

Indem die Religion nicht bloss ein Ziel an sich, sondern auch ein Mittel ist und zwar das durchgreifendste Mittel für die Entwickelung der Menschheit —, der wahre Kosmopolitismus aber ihre Entwickelungshöhe bezeichnet: wird die der Seele angemessene natürliche Gottesreligion der Menschheit zum Kosmopolitismus zu verhelfen, gegen Gott aber den Beruf zu erfüllen haben, die reinste Anerkennung, die einfachste Verehrung und Heiligung mit Entfernung aller metaphysischen Künsteleien, überhaupt aller wider die Vernunft und das Gemüth strebenden Elemente herzustellen.

Ich überlasse jedem Volke seine Religion, aber ihren Werth erlangt sie nicht aus den Ceremonieen, sondern aus dem Lehrinhalt. Je reiner dieser, desto reiner die Ceremonieen und wo wir die reinste Lehre über Gott, Freiheit, Unsterblichkeit antreffen, da dürfen wir auch die Ceremonieen, die diese Religion mit sich führt, mit vollem Herzen anerkennen.

Wollten wir nun von der jüdischen Religion aus der Menschheit die einstige Weltreligion benennen, so können wir nur sagen: die reinste Fassung von **Gott, Freiheit, Unsterblichkeit!**